ACCESO GRATIS ***a la Lectura en la Nube***

Para visualizar el libro electrónico en la nube de lectura envíe junto a su nombre y apellidos una fotografía del código de barras situado en la contraportada del libro y otra del ticket de compra a la dirección:

ebooktirant@tirant.com

En un máximo de 72 horas laborales le enviaremos el código de acceso con sus instrucciones.

INNOVACIÓN EDUCATIVA Y CALIDAD HUMANA EN LA FORMACIÓN JUDICIAL

Memoria del Congreso Nacional de Educación Judicial, 2022

INNOVACIÓN EDUCATIVA Y CALIDAD HUMANA EN LA FORMACIÓN JUDICIAL

Memoria del Congreso Nacional de Educación Judicial, 2022

tirant lo blanch
Ciudad de México, 2023

En caso de erratas y actualizaciones, la Editorial Tirant lo Blanch publicará la pertinente corrección en la página web tirant.com/mx.

Este libro será publicado y distribuido internacionalmente en todos los países donde la Editorial Tirant lo Blanch esté presente.

Esta obra pertenece a la Colección Editorial Rumbo al Bicentenario. Centro de Investigaciones Judiciales de la Escuela Judicial del Estado de México. Calle Leona Vicario núm. 301, Col. Santa Clara C.P. 50090, Toluca, Estado de México Tel. (722) 167 9200, Extensiones: 16821, 16822, 16804. Página web: http://www.pjedomex.gob.mx/ejem/

Editor responsable:
Dr. Juan Carlos Abreu y Abreu
Director del Centro de Investigaciones Judiciales

Editora ejecutiva:
L. en D. María Fernanda Chávez Vilchis

Equipo Editorial:
L. en D. Jessica Flores Hernández
L. en D. Orlando Aramis Aragón Sánchez

Diseño de portada:
Coordinación General de Comunicación Social
del Poder Judicial del Estado de México

La edición y el cuidado de esta obra estuvieron a cargo del Centro de Investigaciones Judiciales del Poder Judicial del Estado de México.

© TIRANT LO BLANCH
DISTRIBUYE: TIRANT LO BLANCH MÉXICO
Av. Tamaulipas 150, Oficina 502
Hipódromo, Cuauhtémoc,
CP 06100, Ciudad de México
Telf: +52 1 55 65502317
infomex@tirant.com
www.tirant.com/mex/
www.tirant.es
ISBN: 978-84-1197-140-9
MAQUETA: Innovatext

Si tiene alguna queja o sugerencia, envíenos un mail a: atencioncliente@tirant.com. En caso de no ser atendida su sugerencia, por favor, lea en www.tirant.net/index.php/empresa/politicas-de-empresa nuestro Procedimiento de quejas.

Responsabilidad Social Corporativa: http://www.tirant.net/Docs/RSCTirant.pdf

Autores

Jaime Alarcón Celis

José Luis Balderas Modesto

Alejandra Bernal Hernández

Apolo Díaz Cantú

Vicente E. Díaz de León Acosta

Guillermo Alfonso García Santín

Claudia González Jiménez

Pedro Luis Grasa Soler

David Jurado García

Jorge Medina Delgadillo

Luis Medina Gual

Luis Medina Velázquez

Marisela Morales Ibáñez

Berenice Olivo De López

Raúl Aarón Romero Ortega

Olga Lidia Sanabria Téllez

Melissa Estefanía Vargas Camacho

Sergio Vargas González

Mauricio Vega Simón

Laura Zaragoza Contreras

Índice

PRESENTACIÓN

Es para mí motivo de gran orgullo presentar la memoria del Congreso Nacional de Educación Judicial, que en el año 2022 tuvo como tema rector "*Innovación educativa y calidad humana en la formación judicial*".

Este Congreso, que año con año se lleva a cabo en la Escuela Judicial del Estado de México, tiene como objetivo, concebir un espacio de intercambio de ideas y experiencias que generen nuevo conocimiento. Y con el fin de conservar para la posteridad este encuentro, se publica esta obra de memorias.

Creo firmemente que la innovación educativa es un elemento esencial que puede generar la trasformación de las sociedades, puesto que busca el progreso en toda área, en especial del conocimiento, de la investigación y de la búsqueda de nuevas técnicas y estrategias para el aprendizaje.

El Poder Judicial del Estado de México, consciente de las necesidades de la sociedad, ha implementado acciones con la finalidad de concientizar a la comunidad académica judicial, sobre la importancia y necesidad de la innovación en la educación, asimismo, sensibilizar a los servidores públicos judiciales en temas relativos a la calidad humana en la formación judicial y promover la educación inclusiva con perspectiva de género y respeto a los derechos humanos.

La obra que usted tiene en sus manos, se encuentra dividida en tres grandes ejes, el primero: *"Los procesos de educación continua en la modalidad híbrida"*, un tema de especial trascendencia en el contexto derivado de la pandemia por Covid-19, donde la modalidad híbrida en la educación se convirtió en uno de los principales recursos para ofrecer servicios educativos de calidad. Dentro de este eje, se generó un intercambio de ideas y experiencias a través de la conferencia *"Innovación integral de la Educación continua"* a cargo del Dr. Jorge Medina Delgadillo, quien nos llevó por un viaje conceptual y procedimental sobre la innovación educativa, evaluación curricular, disrupción didáctica, currículum global; a través de un análisis a cuestiones como ¿qué es innovar?, ¿cómo administramos la educación?, ¿qué más podemos aportar?, ¿cómo evaluamos a toda una institución?, entre otras. En seguida, el Mtro. Apolo Díaz Cantú en *"Alfabetización digital en la educación judicial"*, habló sobre la importancia de una enseñanza encaminada o relacionada con el uso de las Tecnologías de la Información y Comunicación (TICs), su relación con la innovación, sus beneficios, así como aportes para resolver de forma tecnológica las necesidades actuales en materia de educación. En *"Retos y cambios de la evaluación docente en la educación híbrida"*, la Dra. Alejandra Bernal Hernández, desarrolló la importancia de la transformación de la evaluación a través una nueva cuestión: ¿cuáles son los momentos a evaluar en el modelo híbrido?, ya que éste desdibuja las fronteras de los períodos de la evaluación y hace que sean más dinámicos que antes. Más adelante, en *"Desarrollo humano en la educación judicial híbrida"* el Lic. David Jurado García, abordó la importancia de cuestionarnos ¿qué función tiene hoy la educación en la vida de las personas?, analizando la labor esencial de la educación desde el humanismo y el desarrollo humano, la empatía y el amor. Finalmente, en el panel *"Tendencias educativas actuales y emergentes"*, se llevó a cabo un importante intercambio de ideas en el que participaron el Dr. Luis Medina Gual, el Dr. Luis Medina Velázquez y el Ingeniero José Luis Balderas Modesto, con tres tópicos: aulas híbridas, herramientas tecnológicas y plataformas educativas.

Posteriormente, en el segundo gran eje *"La calidad humana en la formación judicial"*, se desarrolla el tema *"Las habilidades socioemocionales de la formación de los colaboradores judiciales"*, por la Dra. Berenice Olivo de López, quien buscó sensibilizar al público sobre la importancia del desarrollo de estas habilidades y de ponerlas en práctica, la importancia del conocimiento de la información emocional propia, con el objetivo de alcanzar un mejor desempeño en la educación judicial, tanto de docentes como de alumnos, lo cual, invariablemente, trascenderá en un mejor desempeño de la actividad judicial en beneficio de la sociedad. Más adelante, la Dra. Marisela Morales Ibáñez, en *"Los medios alternos de solución de controversias: calidad humana"* expuso un panorama general a través del tiempo, sobre los antecedentes internacionales de los mecanismos alternativos de solución de controversias, los cuales se remontan a diversos hechos históricos, las causas que en la sociedad actual vuelven aún más necesaria la educación judicial en esta materia, así como la importancia de los esfuerzos institucionales para crecer en el conocimiento hacia la edificación de la paz en el mundo. Para cerrar con este eje, se presentó el panel *"Desarrollo del talento humano en la innovación educativa"* en el que participó la Dra. Olga Lidia Sanabria Téllez, quien habló sobre la importancia de la implementación de programas de capacitación con enfoque por competencias; el Dr. Jaime Alarcón Celis quien tomando como punto de partida que la educación no puede ser como era antes y que la tecnología es la base que sustenta y posibilita todo tipo de innovación, expuso el tema *"Desarrollo tecnológico como herramienta y soporte"*; asimismo, el Mtro. Mauricio Vega Simón presentó dentro de este panel, el tema *"Productividad en la innovación educativa"* y planteó una relación muy interesante entre el ámbito de la innovación y la calidad humana, a través del impulso de la tecnología en la innovación y en particular cómo lo hace en la calidad humana y, por último, el Mtro. Sergio Vargas González, manifestó desde su experiencia en la Dirección de Servicios Periciales del Poder Judicial del Estado de México, la importancia de la formación de peritos institucionales, una formación *en casa* desde la Escuela Judicial; con el fin de llevar a lo más alto, el nivel de profesionalismo de los peritos.

Por otra parte, en el eje *"La justicia inclusiva en la profesionalización judicial"*, se desarrolló el tema *"Desafíos de la justicia inclusiva en la formación judicial"*, por el Dr. Vicente E. Díaz de León Acosta, quien explicó la necesidad que presentan las instituciones de impartición de justicia de evolucionar con una mayor velocidad a fin de erradicar prejuicios, estereotipos y desigualdades que impiden una verdadera consolidación de la justicia inclusiva; la importancia de los protocolos de actuación y el reto del Poder Judicial de proporcionar capacitación y formación de calidad en temas de justicia inclusiva. En seguida, la Dra. Laura Guadalupe Zaragoza Contreras, en *"Los derechos humanos y la lucha contra la discriminación"*, realizó un importante análisis sobre la realidad del Estado de México, tomando como punto de partida conceptos esenciales, estadísticas, legislación y ejemplos que nos llevan a un panorama más amplio del contexto actual, a fin de erradicar desde lo personal cualquier forma de discriminación y, por supuesto, llevándolo a lo institucional. A continuación, el Dr. Pedro Luis Grasa Soler en *"Visión innovadora de la educación judicial en la complejidad actual"*, tomó las ideas del filósofo francés Edgar Morin, para guiarnos al entendimiento del principio de la complejidad, a través de un macro-concepto planteando ideas generales de hacia dónde vamos o con qué elementos se cuenta para diseñar nuevos modelos educativos a través de *siete saberes*. Esta obra concluye con el panel *"Transversalidad en la educación judicial"*, con la participación del Consejero de la Judicatura del Estado de México, Magistrado Dr. Raúl Aarón Romero Ortega, quien abordó el tema de la necesidad de capacitación judicial en lo que respecta a los derechos de niñas, niños y adolescentes; el Dr. Guillermo Alfonso García Santín, quien habló de la incorporación e integración de los grupos en situación de vulnerabilidad a la sociedad y de la necesidad de esfuerzos efectivos en atención a ellos; la diputada Melissa Estefanía Vargas Camacho, abordó la temática de la perspectiva de género como el elemento detonador de la transformación social, partiendo de las brechas existentes en el contexto actual, asimismo, la Dra. Claudia González Jiménez, explicó el tema de las brechas de género y su impacto en la educación.

En suma, esta obra reúne las valiosas aportaciones de cada uno de los ponentes del Congreso Nacional de Educación Judicial 2022 "*Innovación educati-*

va y calidad humana en la formación judicial"; misma que se encuentra a disposición de todo aquel que crea firmemente que a través de esfuerzos y acciones individuales, es posible transformar la realidad de nuestro país.

El Congreso que inspiró esta obra llevó consigo el esfuerzo y convicción de cada uno de los integrantes de la Escuela Judicial del Estado de México.

Dr. Jaime López Reyes
Director General de la Escuela Judicial del Estado de México

Capítulo 1
INNOVACIÓN INTEGRAL DE LA EDUCACIÓN CONTINUA

Jorge Medina Delgadillo*

Quisiera dedicar esta conferencia a abordar un tema o debate, por un lado, conceptual y, por otro, procedimental. El término conceptual alude a la actividad mediante la que aclararemos los términos a los que nos estaremos refiriendo, mientras que la cuestión procedimental se centra en la implementación de la innovación integral en la educación continua. Las preguntas a las que me propongo dar respuesta son las siguientes, primero: ¿qué vamos a entender por innovación?, segundo: ¿qué es la innovación educativa?, tercero: ¿qué sería una innovación integral? —o, en otros términos ¿cómo califica ese adjetivo la innovación?—, y ¿qué es educación continua? El propósito último, enunciado ya en el título de mi intervención («Innovación integral de la educación continua») es entender qué es la innovación. Si les parece, comenzaré con la primera cuestión.

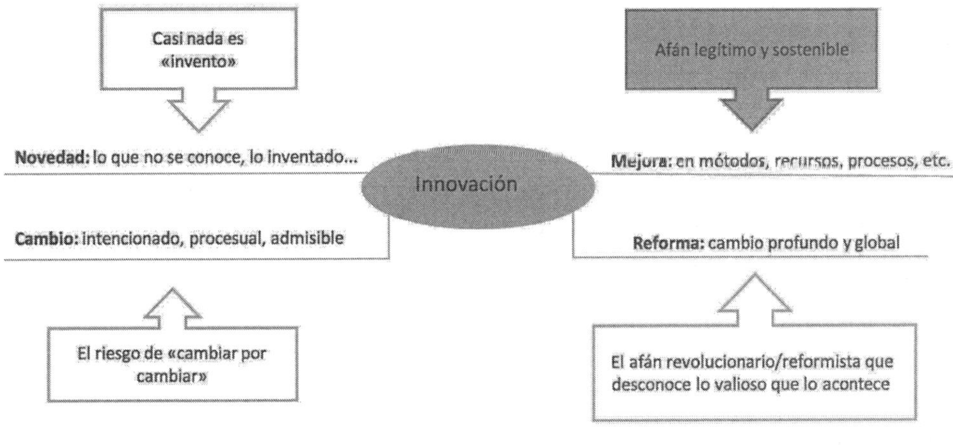

(Leer en sentido contrario a las manecillas del reloj)

* Doctor en Filosofía, maestro en Pedagogía y licenciado en Filosofía por la Universidad Panamericana. Realizó estancias posdoctorales en la Universidad de Comillas y en la Universidad de Extremadura en España.

Analizaré, en primer término, la palabra «novedad». Una primera acepción de innovación remite a algo que es nuevo. De hecho, esa es la etimología latina de innovación: *novus* (nuevo). Ahora bien, si nos ponemos muy exquisitos, casi nada es innovación porque para que algo constituya una auténtica innovación debería ser una novedad, un *ex nihilo*, es decir, algo que surge de la nada y que en nada se parece a su antecedente. Por tanto, tendría que ser casi un descubrimiento, un hallazgo o un invento para que pudiera ser calificado como una auténtica innovación, de modo que, en puridad, casi nada sería una innovación.

La segunda acepción de innovación sería «cambio». El problema que plantea este significado es que, si empezamos a definir la innovación —y, particularmente, la innovación educativa— aludiendo al cambio, cualquier cambio podría ser calificado como una innovación. Por ejemplo, un cambio que empeora las cosas, un cambio accidental o un cambio intrascendente constituirían, por el mero hecho de ser cambios, una innovación educativa. El hecho de cambiar por cambiar es peligrosísimo en el ámbito educativo, y lo mismo sucede, aunque tal vez en menor medida, en los ámbitos jurídico —que tiene sus propios problemas y sus males de profesión— y filosófico. Diré, al respecto, que uno de los grandes errores en pedagogía es dejarse seducir acríticamente por la novedad: nos fascinan las modas que van surgiendo y, en ocasiones, caemos en la trampa de querer estar a la última y adoptamos un modelo supuestamente novedoso que, finalmente, no es la mejor propuesta educativa. Cambiar por cambiar no siempre es lo más sensato en la educación, pero tampoco lo es en la vida.

La tercera acepción reenvía a «reforma». No cualquier cambio, por intrascendente que sea, puede ser calificado como innovación. Cambiemos totalmente, implosionemos el sistema educativo que tenemos —por ejemplo, el de esta Escuela Judicial— y empecemos de cero. Como si partiéramos de una visión anarquista, tumbemos todo lo que existe, eliminemos todo lo que hay como precedente e iniciemos de nuevo, hagamos una auténtica revolución, una reforma radical. Por supuesto, una reforma es innovación, pero, si la concebimos en estos términos, nos situaríamos de nuevo en la primera acepción, la novedad: tendríamos que estar reformando continuamente la institución para que fuera auténticamente innovadora, aunque no siempre los cambios necesitan tal calado o ese nivel de profundidad. Los cambios radicales que requiere la educación no necesariamente son globales.

Queda, en fin, una cuarta acepción, que será la que manejaré durante esta exposición: la de «mejora». ¿Qué entendemos por innovación? Por innovación entendemos mejora. Con este planteamiento descartamos, primero, la exigencia de radicalidad de los reformistas, la ambición del *ex novo* de los innovadores a ultranza, la novedad, el invento, la inventiva, evitaremos, también, los cambios intrascendentes que consisten en cambiar por cambiar las modas y nos quedemos con lo más sensato. ¿Qué es, pues, innovar? Es tomar lo mejor, lo que nos ayuda a mejorar. La innovación es un cambio que cualitativamente introduce una mejora, ¿en dónde? En diversos campos, entre ellos los métodos, los procesos, la tecnología educativa o los contenidos. Este planteamiento sí me parece sensato, legítimo y sostenible. Innovación, por tanto, sería mejora. Cuando nos planteamos cómo introducimos esta acepción de mejora en el ámbito educativo —¿qué es la innovación educativa?, ¿en qué aspectos podemos mejorar la educación?—, tendríamos cuatro grandes cuadrantes o cuatro grandes rubros.

El primero es la «innovación curricular». Se trata de un ámbito típico, pues cuando mejoramos el currículum de los programas que impartimos se produce una innovación educativa. Es lo primero y lo más obvio. Ejemplos de ello son la actualización de contenidos, la imbricación de contenidos, es decir, la asociación de lo que antes estaba desasociado en el currículum, la actualización de la cantidad de horas que hay que impartir de manera asíncrona o dedicar al estudio independiente o el rediseño de nuestro currículum —en términos, por ejemplo, de currículum por competencias—. Todos estos aspectos implican la innovación curricular.

El segundo rubro, la «innovación educativa», se ceñiría estrictamente al ámbito de la metodología, las tecnologías y los propios materiales de estudio, o dicho en otros términos, a la innovación tecnológica y metodológica. Por supuesto, en este segundo aspecto hay mucho que innovar. Hace un año tuve la oportunidad de conocer las instalaciones de esta Escuela Judicial. Vi un aula híbrida y otros nuevos entornos para el aprendizaje y me planteé algunas cuestiones: ¿cómo asocias la tecnología para dar clases híbridas?, o ¿una experiencia remota en temas de cualquier contingencia sanitaria, por ejemplo, la que hemos tenido hace un tiempo? Bien, es la innovación tecnológica en educación y es extremadamente importante, pues es necesario responder a un tipo específico de preguntas: ¿cómo se va aprender? y ¿cómo se va a repasar? También, por cierto, hay un modelo sobre cuestiones procedimentales, ámbito en el que es preciso determinar si va a haber aprendizaje basado en problemas, aprendizaje basado en retos y aprendizaje basado en investigación. Este es el tema sobre el que versa la innovación: ustedes pueden aprender leyendo un libro y recitando su contenido el día del examen, o pueden, más bien, introducirse en el estudio y análisis y de casos, así como en la resolución efectiva de problemas, de modo que el aprendizaje se adquiriría de una manera mucho más práctica, vivencial y fuerte, y esas prácticas constituirían una innovación en los procesos de «enseñanza» o en los procesos de «aprendizaje». Esto es extraordinario.

Por cierto, aunque estos cuatro cuadrantes son igualmente importantes, este es el que más me atrae personalmente.

El último —que es el más difícil de todos, y en el que intervienen los directivos de una institución educativa— es la innovación en las propias creencias de los actores educativos. Algunos lo denominan «gestión educativa» y otros «política educativa». Como sea, voy a sistematizarlos del siguiente modo:

Innovación institucional	Innovación curricular	Innovación didáctica
Prácticas políticas: negociación del conflicto y toma de decisiones.	**Prácticas de diagnóstico curricular:** definición de modelos y construcción de estrategias de recopilación de la información.	**Prácticas de planeación didáctica:** elaboración de registros, construcción de modelos y definición de procesos.
Prácticas administrativas: planeación, dirección, organización, comunicación y evaluación.	**Prácticas de estructuración curricular:** definición de modelos y enfoques.	**Prácticas de intervención didáctica:** construcción de estrategias didácticas y medios para la enseñanza.
	Prácticas de evaluación curricular: definición de modelos y construcción de estrategias de recolección de la información.	**Prácticas de evaluación de los aprendizajes:** diseño de instrumentos y construcción de estrategias.

Si uniéramos tanto los cuatro cuadrantes como los dos rubros transversales, obtendríamos de manera aproximada la clasificación que se muestra. Podríamos implementar un proceso de innovación institucional en nuestra propia institución que estaría llamada a ser un laboratorio de innovación. Por lo tanto, tiene que haber una innovación en la propia política educativa.

Hay aspectos que trascienden a las instituciones, pero, por ejemplo, si nosotros instituimos un nuevo marco regulatorio de la educación e introducimos un cambio en la legislación educativa, se trata de una innovación a nivel de política educativa cuya importancia no debe subestimarse. Por ejemplo, hace poco se aprobó el nuevo acuerdo de la Secretaría de Educación Pública (SEP) para las instituciones de educación superior, es decir, un acuerdo reglamentario que desarrolla la muy reciente Ley General de Educación Superior y que introduce nuevas modalidades que reglamentan los tiempos para lo híbrido. Es muy importante porque se trata de un acuerdo concebido para la pospandemia que introduce nuevas formas de concebir, reglamentar y estatuir el ámbito educativo.

El segundo nivel en el marco institucional es la «gestión» —*pláticas administrativas*—. Confieso que no me gusta mucho la palabra «administrativa» utilizada por el autor del texto, de modo que la denominaremos «gestión educativa». ¿Cómo gestionamos la educación? Si, por ejemplo, todos los profesores participan en las decisiones curriculares, si hay una verdadera participación de todos los maestros, verbigracia, en la evaluación curricular, estamos en presencia de una práctica de gestión innovadora; en cambio, si el director general es quien decide unilateralmente los contenidos curriculares el modelo no sería innovador. ¿Cómo administramos la educación?, ¿cómo organizamos?, ¿cómo evaluamos toda la institución? Estos aspectos también conforman un área importantísima de innovación.

Por tanto —digámoslo así—, estamos armando el gran mapa de la institución educativa y formulándonos la siguiente pregunta: ¿dónde puede aplicarse la innovación? Pues bien, en sus políticas, en sus decisiones de mayor calado, en sus grandes márgenes de actuación, es ahí donde puede haber innovación. Segundo, en relación con la cuestión de cómo gestiona la educación, imaginemos que esta Escuela Judicial introduzca una innovación a nivel organizativo que establezca que «uno de cada diez maestros será un maestro internacional» o que «el diez por ciento de cada asignatura será impartida por un profesor de otro país», esto es, que de cada diez horas de clase, una será impartida por videoconferencia con un juez de Polonia, uno de Chile y uno de Estados Unidos para compartir experiencias, analizar otros puntos de vista sobre determinados problemas y conocer otros contextos institucionales, pero también para identificar aspectos comunes a los distintos países. Esta sería una extraordinaria innovación educativa a nivel de gestión, por mencionar un ejemplo, la gestión de claustro de profesores, en la que no necesariamente tendría que haber un titular por asignatura, es decir, no tendría que asumir todas y cada una de las horas lectivas, sino que habría distintos profesores que se harían cargo de la asignatura: uno como responsable, otro que acoge a los estudiantes en un espacio *in situ* como en un juzgado y otro que se ocupa de la dimensión internacional de la docencia.

Por tanto, si tres profesores dieran la asignatura con una forma inusada y revolucionaria, ello supondría una innovación en la gestión y en la organización del plantel.

¿En qué otros espacios o ámbitos puede haber innovación educativa, entendida como mejora? Tanto a nivel curricular como a nivel didáctico hay tres grandes momentos: uno de diagnóstico, uno de intervención —por así decir, en el caso de currículum de estructuración— y uno final de evaluación. Pues bien, en estos tres momentos también puede haber innovación, pongamos el caso de los contenidos didácticos o curriculares que son susceptibles de innovación, lo cual debe servirnos casi como un examen. ¿Dónde estamos poniendo los acentos de innovación en una escuela? Dependiendo de la respuesta que se dé a esta pregunta, si alguien viene de la escuela de Zacatecas podría decir: «Mira qué interesante, nuestra innovación educativa va más en el aspecto didáctico, pero nos falta currículo, o bien, lo estamos planteando a nivel curricular, pero nuestra organización y gestión educativa está igual, o bien, mira, el problema que tenemos es el marco regulatorio». Supongamos que el Consejo de la Judicatura del Estado de Zacatecas y sus marcos de acción necesitan también ser rediseñados. No sé si en todas las escuelas judiciales del país hay una persona tan vanguardista y audaz como Dr. Ricardo Alfredo Sodi Cuellar y que tengan un timonel como el Dr. Jaime López Reyes. Como sea, tenemos que identificar dónde está la necesidad de innovación.

Digo rápidamente: ¿cómo diagnosticar el currículum? La manera clásica es llamar a los egresados e intercambiar pareceres, por ejemplo:

—«Oigan, queremos hacer un nuevo plan de estudios, díganos su experiencia.

—No, pues mira, doctor, esto ya ni lo vemos, ya en la práctica ni se usa.

—Perfecto, quitamos esa materia.

—No, mire, la verdad es que ahora nos están llegando muchos problemas de este tipo, ponga esta materia.

—¡Ah!, perfecto, gracias».

¿Cómo podríamos innovar en el diagnóstico curricular? Pensando en el ámbito judicial, permítanme poner este ejemplo: si yo voy a actualizar un RVOE de Procuración de Justicia para Menores Infractores o Adolescentes, bueno, entre otras cosas hago un *focus group* sobre la temática: «¿cuáles son las verdaderas problemáticas de potencial delito de un adolescente?». Puedo hacer esto con cien alumnos de preparatorias y secundarias (¿cuáles son sus verdaderos problemas?), hayan o no delinquido (¿cómo se autoperciben ellos?, ¿dónde ven sus áreas de oportunidad?, ¿por dónde está introduciéndose la tendencia a delinquir?, ¿cuáles son los motores?, ¿quién les ha incitado a infringir la ley y por qué?). Si se introduce —por ejemplo— un tema de psicología de la adolescencia, de contención o límites, es importantísimo saber por qué se incorpora esa materia, pues, en parte, el *focus group* de los propios estudiantes me ha dado un *inputting* importante para conocer la situación real de los potenciales menores infractores. Otro *focus group* podría realizarse con los menores realmente infractores, los que ya han delinquido y que están ingresados en algún tipo de institución especial. Eso sería innovador porque no es la típica forma en la que yo actualizo un RVOE, sino que me allego de nuevas formas. También el estudio comparado es innovador: ¿qué están viendo en otras latitudes?, ¿qué están viendo en Chile?, ¿por qué no nos reunimos varios magistrados, uno de Chile y uno de Ecuador en un foro latinoamericano? En un pequeño *focus group* podríamos dar cuenta de cuáles son las verdaderas necesidades, los intereses comunes y las mejores prácticas. Un análisis de mejores prácticas en contenidos curriculares sería una forma extraordinaria para la actualización de los RVOE.

Bueno, pues en el marco del tema de las prácticas de diagnóstico curricular, podríamos hacer una innovación en la propia estructuración curricular. ¿Cómo? Imaginemos que vamos a diseñar nuestro mapa curricular y decidimos pintar determinadas materias de azul. ¿Qué significado tiene el color azul? 80 % en un aula y 20 % en un curso asíncrono en computadora. Las materias pintadas de rojo implican que su impartición se distribuirá del siguiente modo: 30 % en un juzgado, 20 % aquí y 50 % con un tutor acompañante interno. Entonces yo empezaría a establecer *omnichannel* o multicanalidad, o multientornos del aprendizaje de cada asignatura. Este ejemplo podría ser una innovación interesante en el ámbito de la estructuración curricular.

Por último, con respecto al tema de la evaluación curricular, ¿cómo vamos a evaluar nuestros contenidos y la estructuración que diseñamos?, ¿realmente están impactando y logrando los niveles de desempeño de nuestros estudiantes como pretendíamos? Ahí también se puede innovar. ¿Cómo podríamos hacer innovación en el ámbito didáctico? Ya no hablamos del ámbito institucional —de la institución educativa concebida como un todo— ni de planes y programas curriculares, ámbitos, estructuración, diagnóstico y evaluación, sino del ámbito de la práctica concreta didáctica del profesor con sus estudiantes, pues también en esta esfera podría haber mucha innovación. De hecho, la mayoría de la innovación educativa que a todos nos viene a la mente es precisamente esta: cuando el profesor llega, pone una silla en medio del aula, se para encima de la silla, hace algo disruptivo y todo mundo pone atención.

Pues bien, la disrupción didáctica es una forma de innovación, no es la única pero sí es muy interesante. Pensemos, por ejemplo, que el maestro llegue al aula y diga: «Hoy todos van a sacar su celular». ¿Qué? «Sí, saquen todos su celular y anoten esto», y les pone un *kahoot* o un *menti*: «Todo el mundo tiene que responder a esto, tienen diez segundos». El profesor les ha metido estrés, al final les dice: «Miren lo que hemos hecho entre todos, miren cómo pensamos la mayoría de aquí», y todos los estudiantes se expresan: «Ah, caray». Después, ese ejercicio puede usarse como un método de reflexión y de autoexamen de una conducta o de un modo de pensar típicos de la generación de alumnos a los que les das clases. Todos conocemos esas innovaciones, y si en la vida hemos tenido contacto con la innovación muy seguramente es porque una *miss* o profesor de kínder, de primaria o de secundaria era innovador y porque ese docente nos cautivó, caló profundo, nos impactó, nos formó en un momento dado y fue un personaje importante en nuestras vidas.

Del mismo modo puede haber formas de innovar en la planeación didáctica para determinar cómo planeamos, cómo se produce la intervención o bien, la propia evaluación de los aprendizajes; en este último punto, creo que valdría la pena saber si vamos a innovar o no. ¿Es un examen la única forma de evaluar aprendizaje? No tengo nada en contra de los exámenes ni pretendo suprimirlos o quitarlos, pero no es la única ni la más privilegiada forma de evaluar. Tal vez tendríamos que ser mucho más creativos e innovadores en nuestras formas de evaluar los contenidos. Pongo este ejemplo, si yo impartiera clases en medicina sobre sutura de heridas, pondría a las enfermeras y los enfermeros a realizar de manera práctica la saturación en un maniquí, y así tendría la oportunidad de ver quién es diestro, ducho, pronto y lo hace bien, y ese sería el mejor examen. ¿Por qué tendría que ser un examen con reactivos? No lo estoy descalificando, pero si hay un ámbito en el que en México vamos con rezago, ese es el de la evaluación.

Planteé ocho ámbitos —no es una cifra necesaria: podrían ser diez o cinco; se trata simplemente de una forma de sistematizarlo—. Lo que acabamos de ver es que en todos los ámbitos de una cartografía de los ámbitos educativos puede haber procesos de innovación.

La siguiente palabra clave es «integral». En pedagogía, es necesario ser muy cuidadosos con este concepto. Por ello, recurriré a las ideas de dos grandes pedagogos.

En la historia de la educación, muchos hombres y mujeres que han sido grandes y fabulosos teóricos de la educación, pero hay dos que es necesario destacar. Friedrich Fröbel era un ingeniero en minerales que inventó el *kindergarten*, a él le debemos el kínder, que fue un éxito rotundo. Antes de Fröbel, los niños menores de seis años no recibían ningún tipo de instrucción. En Suiza, Fröbel tuvo la idea de generar un ambiente educativo particular que no se desarrollaba en el salón y que no era áulico. Por eso le llamó «jardín»; en alemán, *kinder* significa «de niños», y *garten* significa «jardín». Por tanto, *kindergarten* era el jardín donde acudían los niños que se caracterizaban por el ambiente distendido y se focalizaba en dos cuestiones importantes: los procesos de socialización y la psicomotricidad. Fröbel no pretendió más ni menos. A mí me molestan esos kínder que actualmente enseñan a sumar, restar, dividir, leer y hablar chino mandarín y *taekwondo*... pobres niños; lo más básico que quería Fröbel era que un niño empezara con dos objetivos: dominar su cuerpo de manera extraordinaria y socializar adecuadamente; parte de la violencia social que padecemos los mexicanos se debe a que en fases tempranas no aprendimos a socializar, a ser corteses y amables.

Me encantaría —hablando de innovación— que la Escuela Judicial ofreciera algo a la ciudadanía. Como decía el Dr. Ricardo Alfredo Sodi Cuellar, no solo se debe a los jueces y magistrados o a las personas que ocupan algún puesto administrativo o directivo en el sistema de impartición de justicia de este estado. La Escuela también se debe a los mexiquenses y a todos los mexicanos. ¿Por qué no ofrecen un curso en línea para evitar conductas agresivas de los niños? Sería extraordinario, dado que, si alguien sabe lo que pasa después —cuando no se evita—, esos son los jueces.

El año pasado tuve la oportunidad de hablar con una jueza de lo familiar. ¿Cuántas cosas —me preguntó— no podrían ustedes enseñarnos al resto de los ciudadanos? Entre otras, a evitar, a cuidar, así como a seguir cursos de padres de familia en prevención de violencia intradoméstica, etcétera, eso sería fabuloso. También esta escuela se debe más que a sus propios estudiantes. Eso sería innovación institucional.

Resulta que Fröbel —que, como se ha dicho, era ingeniero en minerales e inventó el *kindergarten*— tenía la siguiente idea geométrica: si yo tengo un punto aquí, en mi dedo y lo explotara en todas direcciones, pero en iguales magnitudes, vamos a decir, a diez centímetros de distancia del punto, ¿qué me quedaría si lo exploto en todas direcciones pero en iguales magnitudes?, ¿qué figura geométrica sería?, una esfera, claro, pero si crece más en una dirección que en otra se hace como una piedra chipotuda. Eso mismo nos pasa a los seres humanos: somos piedras chipotudas que crecemos extraordinariamente en el ámbito físico, pero poquito en el intelectual o muchísimo en el intelectual y poco o mucho en lo emocional, en el liderazgo, y poco en la fuerza de voluntad o en aspectos físicos.

La idea de Fröbel era que una persona bien formada es una persona esférica, idea que le gustaba mucho. En los apuntes que tomé cuando preparaba esta conferencia, anoté una cita de los aforismos de Fröbel que decía justo esto: *pretender la esfericidad de la persona*, enunciado a partir del cual se entiende el crecimiento de todos los aspectos.

¿Cuántas veces traemos los aspectos emocionales o familiares al ámbito académico, o el propio ámbito académico repercute en el emocional, o el emocional en el físico, o lo físico en el desempeño laboral y académico? Somos una integralidad y, por lo tanto, una educación que dice ser integral pretende la formación de todos los ámbitos de la persona humana, ¿quiere eso decir, entonces, que el Dr. Jaime López Reyes es responsable de todas y cada uno de los aspectos de todas y cada una de las personas que están en esta Escuela Judicial? No y sí. No en el sentido que él no va a resolver todo, aunque le deba interesar. A veces, hacer un taller al año de negociación asertiva entre todos los alumnos, puede ser la gran solución para gestionar los conflictos entre alumnos y maestros o, por ejemplo, para tratar temas afectivo-sexuales en los jueces y juezas y orientar esa actividad a propiciar su propia felicidad matrimonial puede incidir decisivamente en el desempeño de su profesión judicial. ¿Por qué no considerar esos ámbitos como susceptibles de formación? *Todo yo soy formable y tengo muchas dimensiones.*

El segundo autor que queremos destacar es Ovide Decroly de nacionalidad belga, inventó muchas cosas pero hay una que le debemos particularmente: la idea de currículum global o currículum integral. Al igual que Fröbel, él llamaba globalidad a la idea de que no debíamos concebir como segmentos o compartimentos separados a las personas que integraban su propuesta, más o menos en los años veinte del siglo XX, es decir, casi hace un siglo, tesis que es una de las más revolucionarías y fascinantes de la pedagogía. Sin embargo, casi no la veo en ningún lugar. Voy a poner un ejemplo a partir de la concepción de Decroly. En la secundaria, el niño tiene su clase de historia, es instruido sobre Morelos y sobre todo lo que hizo en su faceta de insurgente, luego cierra la asignatura porque suena la campanilla y tiene matemáticas; entonces abre otra cosa que se llama libro de matemáticas y ve fracciones o multiplicaciones. Suena la chicharra de nuevo, cierra el libro de matemáticas y asiste a clase de español o lengua. ¿Qué pasó con el niño al final de esa jornada?, que tuvo cinco clases totalmente distintas y no conectadas entre sí. Decroly pretendía lo contrario, imaginas que alguien hubiera asistido durante cinco horas a la siguiente clase: tomamos los *Sentimientos de la Nación* de Morelos, sí, más o menos la *protoconstitución* de México, y la analizamos en la materia de español o lengua —identificando qué palabras o verbos son desconocidos o conocidos— y tendríamos como material de literatura el propio texto de Morelos; después lo conectamos con la asignatura de historia y posteriormente analizamos el tema de los costos de la insurgencia en México —¿cuántas balas había?, ¿cuánto costaban?—, hacemos las conversiones en antiguos pesos mexicanos o en reales —¿cuánto pesaba un real de oro?, ¿cuánto pesa hoy un centenario de oro?—, luego introducimos el análisis de la estrategia, vemos geografía y ponemos un plano para ver por dónde se trasladó a los distintos insurgentes; me parece que, de todos los insurgentes —salvo los que saben de guerra—, Morelos fue uno de los mejores estrategas militares, el padre Hidalgo no sabía mucho de estrategia militar pero Morelos sí, al menos sacó la casta y tomó el relevo muy bien.

Por tanto, ¿qué habría obtenido después de cinco horas? Una experiencia global, donde estudió historia, matemáticas, literatura y geografía en un solo tópico no desvinculado. La idea de Decroly era que el currículum debía ser global y no estar compartimentado en cinco experiencias de inicio-fin-inicio-fin interrumpidas, sino aglutinadas en una experiencia armónica y global. Ahora imagínense que hiciéramos eso en el currículum de una Escuela Judicial. ¿Cuál es el centro y de qué modo todas las asignaturas van a impactar en la adquisición de determinadas habilidades y competencias para fraguar un perfil específico del nuevo juzgador? Pongamos eso en el centro para que todo haga sentido y no tenga quince o veinte asignaturas, sino que todas sirvan a un único y profundo perfil de egreso.

Por tanto, ¿qué entenderíamos por «integral»? Dado que toda la persona merece ser educada y que todos los recursos posibles deben contribuir a ello si tomamos las ideas de Fröbel y de Decroly, podríamos entender qué es integral.

«Innovación integral»: ya sabemos que innovación es mejora, conocemos los ámbitos de la innovación educativa y cómo podría materializarse la innovación para que tenga lugar de manera integral —lo cual, no es cualquier cosa—, es decir, para la formación total de la persona se debe concretar un currículum con sentido unitario y no con una experiencia fragmentada.

Bien, me queda la última cosa que decir sobre lo que sería la «educación continua», que podría entenderse —o se ha entendido— de una manera chata, las tres primeras son formas de *chatez* en la comprensión de la educación continua.

La educación continua se entiende, primero, como actualización, ¿por qué?, porque yo estudié Derecho del setenta al setenta y cuatro y entonces resulta que tengo que actualizarme en la miscelánea fiscal o en el nuevo código penal de tal entidad federativa. Entonces ¿qué sería la educación continua?, la forma de que tus conocimientos siempre estén más o menos al día —por decirlo de algún modo, que mantengas tu coche aceitado y, para ello, llevarlo a mantenimiento—. Eso sería la educación continua, estar más o menos «en el tiempo». No es que esta concepción me parezca falsa, pero sí chata y limitada.

En segundo lugar, hay gente que concibe la educación continua como la adquisición de nuevos conocimientos o habilidades, ¿por qué?, porque ahora necesitamos saber si se ha producido un cambio en el sistema, si durante los sexenios pasados se aprobó una modificación profunda del sistema judicial y se instauraron los juicios orales, un tipo de procedimientos que no existían en el país cuando yo era niño y ahora ya es una realidad consolidada. Este tipo de cambios nos obligan a adquirir nuevas habilidades. Pongamos de ejemplo a los abogados, deben adquirir competencias de oratoria, una práctica que se había perdido en el Derecho y que ahora es necesario dominar más y mejor. Tal vez los fiscales tengan que conocer nuevos temas o lo peritos deban que adquirir nuevas competencias para hacer peritajes en cuestiones de ciberdelincuencia. Bien, entonces, como hay nuevas necesidades, debemos acopiar esos nuevos conocimientos. No digo que estas nuevas competencias —o su adquisición— no puedan entenderse como educación continua, pero considero que no son necesariamente las únicas.

En tercer lugar, la educación continua se asocia a las certificaciones, una cuestión muy importante. Se está poniendo de moda que cada conocimiento que se adquiere sea certificado o avalado, es decir, que se decanten en forma de acreditaciones pequeñas o grandes. Sin embargo, lo que yo quiero plantear ahora es que entendemos la educación continua como el proceso vital de todo ser humano para aprender. En inglés a esto se le ha llamado «LLL», *Life Long Learning*, esto es, aprendizaje a lo largo de la vida.

¿Qué significa, entonces, educación continua? Para responder a esta cuestión hay que formular y contestar otras preguntas. Primero: ¿quiénes se educan para toda la vida? La persona, a la que, por tanto, hay que entenderla como aprendiz. ¿Cuándo comenzaste tu educación continua?, pues en el kínder; por tanto, educación continua es el proceso de aprendizaje que uno vive a lo largo de toda la vida, desde el kínder hasta el doctorado, o también tus nuevas certificaciones, los estudios informales y las charlas que haces con tus amigos, la participación en ponencias o en congresos... todas esas actividades forman parte de de tu aprendizaje continuo, porque vivir es desarrollarse, porque la vida es eso, y quien no se desarrolla no vive plenamente. Por tanto, no puede concebirse una vida humana madura y plena si no es en el marco de un continuo desarrollo.

Decía un autor italiano «*chi non avanza va in retro*», en otras palabras, el que no avanza retrocede. En efecto, si alguien no avanza en su aprendizaje, ha retrocedido.

¿Dónde podemos aprender?, pues en cualquier lugar, yo puedo aprender en mi dispositivo móvil, en una buena charla con amigos y colegas, en un aula, en un libro, en la práctica, reflexionando sobre una investigación, investigando, a esto se le llama «aprendizaje ubicuo».

¿Cuándo puedo aprender? Constantemente, cuando yo quiera, decía Sócrates. Una vida sin examen no es una vida digna de ser vivida, una vida que no se examina constantemente. Si la vida se vive y se vive reflexivamente, aprendo. Si reflexionamos sobre nuestros aciertos y errores, podríamos aprender continuamente de la propia vida a través de procesos reflexivos continuos.

Pero no solo es dónde y cuándo, sino cómo, pues yo creo que hay que establecer nuevas relaciones entre teoría y práctica. Antiguamente, asociábamos el aprendizaje solamente a temas teóricos, aprender era tener una experiencia con los libros o en el pizarrón, en las aulas o con los maestros, cuando, en realidad, el aprendizaje está en todas partes, está a flor de piel. Podríamos hacer aprendizaje de una práctica social a partir de un fenómeno que está ocurriendo, podríamos tomar como materia de aprendizaje lo que sucede en nuestro alrededor, la problemática social que se está produciendo aquí y ahora. Cada caso que llega a un juzgado también es materia de aprendizaje: ¿qué pasó?, ¿cómo pasó?, el propio proceso, si reflexiono sobre él, es una fuente de aprendizaje: si investigo sobre los múltiples casos que tengo, también aprendo; por tanto, los fenómenos de investigación-acción o de investigación sobre la propia práctica —en este caso, la práctica judicial— constituyen formas privilegiadas de aprendizaje, por ejemplo, entre pares sería una actividad fundamental de innovación educativa los miércoles de magistrados o de jueces de tal ámbito en los que puedan compartir prácticas y aprender todos de todos sin que necesariamente exista la relación profesor-alumno, pasivo-activo, sino una actividad en equipo. Pueden hacerse, por hacer mención, memorias de esos encuentros y publicarse para ejemplificar cómo las personas profesionistas de lo judicial y los servidores públicos de lo judicial, a su vez, aprenden unos de otros, creando círculos de aprendizaje —en España se llaman comunidades de aprendizaje— ¿en torno a qué? Pues a esta escuela, se puede ser innovadora en ese tipo de propuestas.

¿Por qué debemos crecer continuamente?, ¿por qué debe de haber educación continua? En primer término, por razones biológicas y después, si alguien quiere verlo así, pos razones románticas y filosóficas. El aspecto biológico tiene su razón de ser, como nos muestra la biología, en el hecho de que los seres han sobrevivido porque han sabido adaptarse, y yo no sé si los que nos encontramos estamos a la altura del cambio de época en que ya está inmersa la humanidad. Yo noto un desfase tremendo con mis hijos: o me adapto o yo mismo me relego de este mundo que ahora es de ellos y si no me inserto de lleno en él, me adapto y entonces vivo esta vida intensamente, cada vez me iré relegando y haciendo un ermitaño de lo social porque no comprendo la dinámica de las redes, porque no comprendo las nuevas formas e intereses.

Ahora imaginemos que hacemos un acopio y acervo o un repositorio de sentencias extraordinarias o procesos para llegar a una sentencia de un tribunal. Pues bien, tres horas revisando estas sentencias que han generado tal o cual jurisprudencia, hombre, tus treinta y dos horas las repartes más o menos en una experiencia grande, vital, rica y enriquecedora que haga sentido. Un alumno que estudia treinta y dos horas así no es igual que uno que estudia sentado treinta y dos horas, veinticinco de las cuales, más o menos, se dedica a mirar su celular, pero si lo metes de manera inmersiva en otra experiencia omnicanal, la innovación detona en aprendizaje.

Busquen insignias digitales y credenciales. Por ejemplo, «a quien tome estos tres diplomados le generamos la insignia digital». Métanse como institución pionera, ya lo son, esta escuela es de las pioneras del país, tiene un liderazgo claro, notorio. No sé si los aquí presentes son conscientes que son punta de lanza. ¿Por qué no empiezan con sus *digital badges* —sus primeras insignias digitales—? Que las insignias digitales sean sobre determinados tópicos, y al que domine tales conocimientos y habilidades certifíquenlo con una insignia digital expedida por ustedes. Eso podría ir posicionando a esta escuela o a otra como una escuela pionera en la certificación de microcompetencias o de determinadas habilidades o conocimientos.

Ya lo decía el Dr. Ricardo Alfredo Sodi Cuellar: en estas escuelas no se pretende un aplastamiento, sino una concurrencia. Por tanto, vean una nueva relación con las universidades en plural. Pregúntense qué pueden aportar ustedes a las universidades y qué pueden aportar las universidades a ustedes. Creo que no solo pueden aportar egresados, sino también otras cosas. En particular, la experiencia omnicanal podría estar en concurrencia con universidades —tantas horas de esta asignatura las tomas en esta universidad—, para lo cual tienen que hacer vínculos con los centros más estratégicos de su entorno —tal como, la UAEMéx, que es la universidad del estado o universidades particulares— o del extranjero. Pueden impartir dobles grados, pueden tener insignias de otras universidades y viceversa, dicho en otras palabras, establecer una nueva relación de manera que los propios juzgados, sin ser privados de su función, sean laboratorios de aprendizaje que aporten experiencias de auténtico aprendizaje para los estudiantes.

Investigar sobre la propia práctica profesional en círculos o comunidades de aprendizaje, ya se ha dicho, podría ser una forma, no es la única, pero podría haber memorias, mejores prácticas y galardones. ¿Cómo podemos hacer que las mejores resoluciones sean conocidas y apreciadas y sirvan de aprendizaje para los colegas en todos los ámbitos de una escuela judicial? Vale la pena señalar que una persona que hace investigación sobre su profesión aprende muchísimo.

El *Life Long Learning* consiste en concebir la educación continua como una gran ruta continua de desarrollo de las personas que haga sentido. No queremos aquí personas que sean extraordinariamente buenos magistrados y malos como maridos o como padres de familia. Queremos gente integral, integrada y realizada. Por tanto, propondría al menos el trazado de grandes rutas de crecimiento personal en todos los ámbitos vitales, cosa que agradecerán todas las personas, desde un empleado de mantenimiento hasta un ministro de la Suprema Corte de Justicia, pues todos los seres humanos, sin distinción, necesitamos ser tratados con dignidad y crecer de manera integral.

El aprendizaje debe ser, en medida de lo posible, personalizado y preferentemente experiencial. «Personalizado» quiere decir que tiene que haber rutas de aprendizaje; por mencionar un ejemplo, a nivel curricular esto es fácil, hay asignaturas que no deben de estar «llenas», que tienen que responder a los grandes intereses, ¿a ti en que te gustaría especializarte o aprender? Pues hay una asignatura que te interesa para lograr tu objetivo, tu sueño. Por favor, creemos espacios no acartonados en los que cada persona pueda realizar algo de su interés que contribuya a su crecimiento específico y su especialización pormenorizada. No todo el aprendizaje tiene que basarse en materias ya predefinidas.

La conciliación y el interés entre lo personal y lo laboral es un tema muy importante que puede contribuir a la educación continua. Una de las problemáticas más frecuentes después de pandemia es la conciliación trabajo-familia, esto es, la conciliación de los intereses personales con las actividades profesionales y laborales: parece que una prima sobre la otra, a veces prevalece una, a veces otra, pero en cualquier caso son actividades que no están bien conciliadas. Yo creo que si se imparten cursos y talleres de conciliación vida-familia, puede mejorar sustancialmente la calidad de vida de las personas que trabajan aquí, que viven aquí y que aprenden aquí, y esa no es una cuestión menor, pues, es el caso de una persona que trabaja en el archivo, estará feliz y realizada y desempeñará mucho mejor su tarea. No se trata de un tema de falsa productividad, sino de interés auténtico por la persona en un ámbito —a mi entender— muy delicado.

En ocasiones vemos a las personas exclusivamente desde la perspectiva del puesto que desempeñan, pero no consideramos sus circunstancias económicas, familiares, residenciales o sanitarias. Cuando alguien me trata integralmente, tengo un deber de honor y me entrego más y mejor a mi trabajo y esta es una experiencia importante de revisar.

Como ya he señalado, debemos apostar por la integralidad de la persona —sus habilidades, sus conocimientos, su madurez emocional, su estabilidad familiar, sus vínculos sanos de amistad, su salud física y un largo etcétera—. En la medida en que una escuela preste atención a todas estas dimensiones, el centro educativo será realmente significativo para la persona.

Concluyo con una breve reflexión. Creo que en el futuro los instrumentos de la educación continua serán, entre otros, los cursos de especialización de alta incidencia social, es decir, cursos pequeños, cada vez más reducidos, con un objetivo claro; que los protagonistas de la educación serán esos pequeños diplomados con experiencia en la incidencia social que se graduarán en esos cursos «en la sociedad», es donde la persona aprende, pues toma un curso y ve su eficacia inmediata en forma de retorno de la inversión. Y aquí quisiera citar al propio Dr. Ricardo Alfredo Sodi Cuellar: no se trata solo del nivel presupuestal, pues todo el presupuesto de esta escuela lo ponemos los ciudadanos, todos los salarios del Poder Judicial, del sistema entero lo ponemos todos los ciudadanos, la nación, la patria. Por tanto, en la medida en que existan experiencias significativas de alta incidencia social, el pueblo habrá recibido de manera directa una parte de la formación que aquí se imparte.

Por supuesto, sabemos que la impartición de una justicia pronta y expedita es una necesidad imperiosa, y en ese aspecto el pueblo les necesita a todos ustedes. Pero si ustedes llevan a cabo experiencias formativas de alto impacto social, el pueblo verá inmediatamente una nueva casta de impartidores de justicia.

Capítulo 2

ALFABETIZACIÓN DIGITAL EN LA EDUCACIÓN JUDICIAL

Apolo Díaz Cantú*

En esta intervención abordaré la cuestión de la educación digital en la formación judicial. La educación es el arma más poderosa que podemos usar en el estado de México, en la federación, en América Latina y en el planeta para que nosotros podamos cambiar y, a su vez, logremos cambiar el mundo.

El principio básico ¿qué es alfabetizar? hace referencia a la tarea de enseñar a la gente a leer y escribir, mientras que la alfabetización digital se orienta a la enseñanza del uso de las Tecnologías de Información y Comunicación (TIC). La tecnología se enmarca en el ADN de cualquier proceso de enseñanza-aprendizaje. No podemos ser indiferentes a la tecnología, pues hoy en día tenemos que utilizarla para prácticamente todas nuestras actividades en un contexto de cambio continuo.

En la parte de alfabetización digital, tenemos que utilizar la tecnología para llegar a cualquier parte del mundo, a cualquier persona, y por ello tiene que ver con el modo a través del cual les hacemos llegar contenidos de valor a personas que se encuentren en cualquier lugar. De eso nos tenemos que encargar. Por ejemplo, el gobernador del estado de Coahuila enfrentaba el reto de hacer llegar educación a nivel bachillerato y licenciatura a lugares que carecen de luz, internet y agua. Entonces colocamos unas antenas parabólicas en el techo de 1.2 metros —esto fue hace mucho tiempo— y ahí bajaba la conexión de internet, conectábamos con el laboratorio a través de un servidor inteligente y así suministrábamos internet a las computadoras, de tal manera que los chicos de catorce o quince años ya no tenían que ir a ciudades como Torreón o Saltillo para estudiar, sino que podían estudiar en su pueblo y aprobar su bachillerato o su licenciatura.

---

* Ingeniero en Electrónica y Comunicaciones y maestro en Administración con especialidad en Mercadotecnia, por el Instituto Tecnológico y de Estudios Superiores de Monterrey, Campus Estado de México.

Otro aspecto que también tiene que ver con la alfabetización digital es la audiencia a la que estamos llegando, en concreto, quiénes son nuestros clientes o usuarios. En ese sentido, en el Tecnológico de Monterrey diseñamos unos programas para que los niños, niñas y adolescentes supieran cómo realizar diversas actividades del sector agropecuario; se formaban durante dos, tres o cuatro horas al día y disponían de un turno de noventa minutos para usar la computadora con acceso a internet. Estamos llegando, pero con contenidos de valor, y esto quiere decir que lo que hagamos tendrá un gran impacto para la gente que está recibiendo nuestras comunicaciones en cualquier modalidad.

¿Qué beneficios reporta la alfabetización digital? El primero es el pensamiento crítico: cuando alfabetizamos digitalmente a alguien, ya dispone de un pensamiento crítico, una noción universal y puede tomar decisiones basadas en ese pensamiento crítico. Además, la alfabetización digital introduce mejoras en el uso cotidiano: aquí les ayudamos a que adquieran capacidad de autogestión, a que sean personas automotivadas, a que administren el tiempo y a que aprendan a trabajar con personas que están en otros lugares con diferencias de horario y pertenecen a otras culturas. Entonces, cuando estamos alfabetizando digitalmente, el alumno no solamente es destinatario de un contenido —en este caso, de formación judicial— sino que también aprende a utilizar tecnologías de primer nivel y convive con personas que están en otros países o en otros estados de la república.

Por lo que respecta al acceso a mejores trabajos, cabe señalar que hoy en día el mundo VICA genera una gran vulnerabilidad e incertidumbre, es muy complejo y ambiguo. Un ejemplo de complejidad son los *bitcoins*: no sabemos qué son ni cómo se manejan y, sin embargo, las generaciones más jóvenes pueden explicarnos perfectamente qué son, ya están invirtiendo y obteniendo ganancias, pero yo, por ejemplo, no lo entiendo. El mundo es muy complejo, ambiguo, y es posible que una exitosa campaña de *marketing* de hace un año hoy no funcione en absoluto. Es una revolución.

El mundo VICA nos dice que todas las personas necesitamos reinventarnos y utilizar la tecnología, así como compartir los procesos de enseñanza-aprendizaje para impactar en la gente que está en diferentes lugares. Hay una brecha digital que va a continuar existiendo. En Costa Rica, realizamos un trabajo con el Instituto Nacional de Aprendizaje (INA) y ellos podían facilitarnos el acceso a ciertos lugares como a barcos pesqueros, que pasan seis u ocho meses en alta mar, en los que impartíamos cursos a través de internet. No obstante, se planteó una interrogante: ¿cómo resolvemos el tema del internet? Bueno, en este caso *Google* —que es uno de los aliados— nos ayudó a resolver el tema emplazando globos en todo el territorio de Costa Rica, y a través de ese medio se distribuyó el internet. Así lo resolvimos, y los pescadores que pasaban seis u ocho meses en alta mar no tenían que ir a tierra para capacitarse.

¿Cómo solucionamos tecnológicamente todas las necesidades de educación que tenemos? Cuando empezó la pandemia y Yoloxóchitl Bustamante era secretaria de educación pública en el Gobierno de Guanajuato, se le comentó que, a través de los cursos en *e-learning*, podíamos llegar a secundarias, bachilleratos, universidades y a todas las instituciones afiliadas a la SEP. Bustamante me comentó que el 78 % de los habitantes de Guanajuato no tienen acceso a internet y que, aunque buscaban la manera de solucionar esa problemática, era muy costoso, de modo que no pudimos hacer llegar nuestros contenidos de alto impacto a esa parte de la población de Guanajuato. Este es un claro ejemplo del problema de la brecha digital.

Tenemos algunas diferencias en los ámbitos educativo, social, económico y cultural. Sí, tiene sus beneficios, pero sigue habiendo riesgos que no hemos resuelto.

Nosotros debemos tener la innovación —está en el modelo educativo que se ha implantado aquí—, dado que si ustedes, en su vida personal, no están innovando todos los días mediante el uso de la tecnología, se están quedando fuera del presente. En la universidad en la que estudié, cuando llegaba a las siete de la mañana y me iba a las diez de la noche, acudía a la biblioteca y me quedaba dormido mientras estudiaba. Entonces llegó una de las personas que trabajaba en la universidad, me sacudió y me dijo: «No te duermas, porque para la próxima que te encontremos dormido, te vas». Sin embargo, hoy en día se han instalado colchonetas y almohadones y se permite que los estudiantes duerman allí. Lo que hace treinta años no se permitía, hoy se permite, y eso es innovación. ¿Por qué se tomó esa decisión? Para que cuando el estudiante despierte, se sienta creativo, innovador y disruptivo. Por tanto, tenemos que estar innovando constantemente, pasar de la parte física a la parte digital y, como señalaba el Dr. Sodi, reducir todos esos montones de papeles a discos o ponerlos en la nube.

¿Qué ventajas de las TIC podemos aplicar aquí, en la Escuela Judicial?

Permiten un aprendizaje transversal de materias y fomentan el trabajo autónomo. Las personas son automotivadas y estudian a su propio ritmo; por ejemplo, algunas personas podemos estudiar durante el día, pero hay otras que prefieren hacerlo por las noches. ¿Cómo podemos, entonces, complementarnos con personas según sus preferencias?, ¿cómo son nuestros estilos de aprendizaje?, ¿auditivos, visuales, quinestésicos o multimodal? Bien, las

TIC fomentan el trabajo autónomo, dicho esto en el sentido de que el estudiante busca obtener información por sí mismo.

Por otra parte, despiertan la curiosidad y el afán de indagación. Debemos mantener esa curiosidad totalmente abierta y preguntar constantemente. Muchas veces, cuando somos jóvenes, se cercena nuestra curiosidad. Cuando empezamos a formular el famoso interrogante «¿por qué?», entonces nos frenan y ya no quieren que preguntemos. Esa etapa de indagación —que nos limitan—, va de la mano con la etapa de la investigación y de la innovación.

Se acerca más a la realidad de los niños que son nativos digitales; se están dando facilidades a la gente de otros países para que sean nativos digitales. En Costa Rica, te vas con tu computadora, alquilas un alojamiento y vives como nativo digital. Lo único que necesitas es tu computadora conectada a internet para estar a su vez conectado con el mundo y realizar tu trabajo. Esa es la parte de los nativos digitales.

Los estudiantes administran mejor su tiempo, y aprenden a hacerlo mejor cuando estamos con estudios en este formato, ese es otro de los grandes beneficios. Los estudiantes adquieren más habilidades en un curso a distancia que en un salón de clases tradicional, pues saben manejar la tecnología, utilizan otro lenguaje porque conviven con personas de otros países, aprenden a trabajar con otros horarios, a utilizar *Kahoot, Menti, Openboard, Mural,* entre otras herramientas que sirven para complementar los procesos de enseñanza-aprendizaje y obtener mejores resultados al trabajar con personas de otros lugares.

Aquí, los expertos en educación saben que la pedagogía y la andragogía —este último término define los procesos de enseñanza-aprendizaje para gente mayor— tienen que ser diferentes. En la andragogía para los adultos tiene que haber una realfabetización, la gente tiene que aprender, desaprender y volver a aprender lo que se está usando hoy. Por esa razón, es necesaria la realfabetización.

Manejamos un camión con una antena parabólica de 4.5 metros. En una ocasión, nos contrató Televisa para hacer una videoconferencia con la gente de Televisa Los Ángeles. Hicimos el trabajo porque teníamos la unidad móvil que trasmitía al satélite y podíamos regresar la señal de Los Ángeles a Televisa Chapultepec. Ese camión costó —por decir ahorita— seis millones de pesos, pero hoy en día eso lo podemos hacer con *Zoom* por trescientos pesos al mes; estamos avanzando en tecnología. Los ingenieros como yo tenemos que hacer esto: facilitar la tecnología para que podamos avanzar.

Hoy en día, los militares reciben cursos hasta en sus celulares en cualquier lugar del territorio nacional en el que se encuentren. En ese proyecto estuvimos ayudando. Así, hemos formado quince universidades virtuales en México y en otros países de Centroamérica y Sudamérica.

Cabe, por ejemplo, citar el proyecto *Open Mind*, en el que, a través del juego, los alumnos aprenden lo que es la gamificación. Hoy por hoy se aprende a través del juego, haces el *storytelling* (el famoso cuenta cuentos) y hay diferentes metodologías. Una de las que yo utilizo es LEGO® SERIOUS PLAY®, en la cual, a través de los ladrillos de *lego* la gente aprende, comparte, reflexiona y obtiene grandes aprendizajes. El proyecto *Open Mind* facilita que los alumnos que van reprobados en matemáticas, física, español, etcétera, al menos tres meses después no estén reprobados y otros tres meses después ya alcanzan una calificación de ocho o nueve. Por lo tanto ¿cómo estamos materializando esta revolución a distancia?

Las famosas *masterclass* a través de *Zoom*, *Teams*, *Webex* o de cualquier otra plataforma llegan a todo el mundo a través de internet, las complementamos con *Kahoot*, *Menti*, *Mural*, etcétera y hacemos videoconferencias de alto impacto, creando valor para la gente que nos está viendo. Por eso, en la Escuela Judicial hoy tenemos que hacer esa reinvención o realfabetización digital en los procesos de enseñanza-aprendizaje, un objetivo coherente con el modelo educativo que actualmente hemos instaurado.

Hablemos, pues, de las necesidades y expectativas para el proyecto de innovación educativa en la Escuela Judicial del Estado de México para 2022-2023:

1. Despertar y promover la innovación. Si no estás innovando, estás *out*.
2. Construir el ecosistema de innovación interna. ¿Qué es un ecosistema? Es un ambiente donde todos estamos.
3. Articular un nuevo modelo de innovación de tecnología educativa; aquella institución educativa que no se renueva al menos una vez al año está condenada a que sus procesos de aprendizaje se tornen obsoletos y, por lo tanto, desaparezca.
4. Capacitar al personal administrativo y docente, porque todo el mundo tiene que estar alineado con el modelo educativo y saber qué es. Cuando uno entra a la Escuela Judicial, percibirá que hay innovación. Por ello, todo el personal debe estar alineado y calibrado con la innovación.
5. Diseñar currículos basados en la innovación.

6. Expedir certificaciones digitales. Como señaló el Dr. Sodi, tenemos que estar certificando a la gente de manera digital. ¿Qué es certificar? Es reconocer que el alumno tiene las competencias, habilidades necesarias y que es apto para enfrentar la tarea que le encomienden en un nuevo trabajo o en una nueva posición. Los doctores, los magistrados, los jueces o, en fin, la gente que está en el archivo tienen que estar certificados, ¿se dejarían operar por un doctor que no tenga su cédula? Obviamente, no.

7. Asegurar la calidad, aspecto en el que es necesario llevar a cabo un monitoreo de lo que es la innovación.

8. Socializar la innovación educativa. ¿Qué es la socialización? Para la gente que está en otros estados del país, transmitirles lo que estamos haciendo para que copien el modelo, para que lo adopten y lo apliquen en sus estados.

Lo que hacemos en capacitación educativa es para ponerlo en práctica, no para que quede almacenado con buenas intenciones en la computadora. Hay una metodología que manejo que se llama *design thinking* (pensamiento centrado en el usuario) y todo lo que hacemos es para hacer, no para pensar o meditar, ya que, si no estamos haciendo, no sirve de nada.

Veamos ahora procesos para crear una cultura de innovación:

1. Despertar la creatividad en el cuerpo directivo, docente y administrativo. Más que despertar una cultura de innovación, se trata de despertar una mentalidad de innovación. La cultura es maravillosa, pero la mentalidad es extraordinaria, todo mundo tiene que interiorizar una mentalidad de innovación.

2. Definir la tecnología que vamos a usar para la innovación educativa, es decir, la infraestructura de la que vamos a disponer. Un ejemplo, hace años un banco me pidió que hiciéramos unos cursos —para los ejecutivos de cuenta, el diseño de los cursos quedó muy bien, pero como teníamos que impartirlos en la sucursal, no funcionaron porque el personal no tenía acceso a internet debido a la seguridad que manejan los bancos—. Entonces no sirvió de nada y tuvimos que rehacer los cursos.

3. Establecer el modelo de innovación educativa que vamos a seguir.

4. Generar nuevos productos y servicios.

Eso es innovación con educación, y la actualización de lo que hagamos debe ser de calidad.

La planeación se basa, por un lado, en la estructura y, por otro, el laboratorio para formar líderes. La estructura traza las rutas para la formación de líderes. Por lo que hace a los laboratorios, ya no podemos trabajar en salones de clases tradicionales que tengan el pizarrón con el plumón, sino en laboratorios en los que se fomente la creatividad, la innovación, el pensamiento disruptivo, aunque también el fracaso. Se asume que el fracaso es malo. Sin embargo, cuando fracasamos obtenemos muchísimos aprendizajes. De hecho, la persona que se dedica a la innovación o que está en una escuela y afirma que nunca ha fracasado no es de fiar. ¿Cuántas veces nos hemos equivocado y nos seguiremos equivocando? Edison decía: «No me he equivocado diez mil veces, tengo diez mil maneras diferentes de cómo no funciona el bombillo».

La planeación también se basa en conocimientos y herramientas, así como en el pensamiento complejo. En el cerebro tenemos dos hemisferios, el izquierdo y el derecho. Por lo general con el derecho hacemos todas aquellas cosas a las que no necesitamos prestarles mucha atención y con el izquierdo las cosas que demandan que nos pongamos a pensar y analizar. Bueno, en realidad a todo lo que hacemos hay que «echarle cerebro». ¿Hay alguna manera diferente de hacer las cosas? Cuanto más complicado sea el asunto, mejor; seguramente, hay más de una manera de hacer las cosas y los resultados del aprendizaje van a ser increíbles, maravillosos.

¿Cómo quieren innovar aquí?, ¿qué elementos tenemos para innovar?, ¿qué procesos de formación tenemos en la innovación educativa? Esos son los siguientes pasos para adaptar el modelo educativo actual de innovación a la Escuela Judicial del Estado de México a fin de que sea reconocida como una institución con un sello distintivo —la innovación—, pero no porque lo afirmen en el sitio *web* o porque lo escriban en la entrada de la escuela, sino porque la gente lo vive, porque ya han adquirido una cultura y una mentalidad de innovación.

Desde el diseño de un sistema de evaluación, la generación de las rutas de capacitación comunes, la promoción de experiencias compartidas. Jóvenes, vayan en sus tiempos libres con las personas que tienen más edad, que tienen otros cargos y pregúntenles lo que ustedes quieran, aprendan, pregunten, no se queden con dudas, para esto sirve este tipo de eventos.

El sistema de gestión de talento es un sistema de capacitación. Como dijo el Dr. Sodi, —y pienso que en esa idea estamos más que alineados—, la capacitación no es un gasto, sino una inversión, y hoy en día se está invirtiendo en el recurso más importante de la escuela, el capital humano, dado que el capital se enriquece y el recurso se explota.

Asimismo, debemos establecer las reglas y políticas con las que vamos a estar trabajando. Esas son parte de las expectativas.

En las rutas de aprendizaje, el primer punto es la formación inicial, que son las rutas o programas de formación alineados a competencias comunes. El segundo punto es la formación especializada, que hace referencia a las rutas o programas de formación en procedimientos o tópicos y corresponden a grupos poblacionales específicos. En definitiva, debe haber una ruta o un camino de aprendizaje.

Hay una palabra en inglés que me encanta, *learnability*. En la maestría en educación, tengo alumnos de más de ochenta años, veinte años de pensionados, y a veces pienso —muy mala onda— «¿ya para qué estudian?», es gente que nació sin computadora, sin correo, sin control remoto de la televisión —eso alguna vez existió, pantallas que no tenían control—. El Dr. Medina, yo y muchos de nosotros tenemos un problema, estamos con dos generaciones muy distintas: la de la gente de setenta u ochenta años que nació sin computadora, sin internet, sin correo electrónico, y la de la gente que no puede estar alejada de sus celular más de un metro.

Debemos tener una inducción, adquirir competencias institucionales, desarrollar la parte del ser —esa parte del ser a mí me encanta—. Tenemos que generar soluciones excelentes y rápidas en este acróstico y saber cómo está caminando el mundo. Una pandemia hizo que la mayoría de las escuelas y empresas se reinventaran, que en quince días aprendieran a usar *Zoom*, *Teams*; nos pegó fortísimo, entonces no hay que esperar a que se produzca otra crisis u otra pandemia, tenemos que disponer de soluciones excelentes y rápidas. ¿Y qué queremos? programas especiales con innovación educativa para los líderes.

Los retos a futuro serán el aseguramiento de la calidad a través de indicadores, dado que lo que no se mide no puede mejorarse. Por eso debemos tener indicadores, observación de clases presenciales —pero sobre todo a distancia— a través de cualquier modelo, encuestas de calidad a alumnos y profesores, preguntar a los alumnos si sus expectativas se han cumplido y a los profesores qué es lo que necesitan para ser un profesor inspirador: adoptemos el modelo de profesor inspirador. Yo soy docente porque tuve muchos profesores en la primaria y en la secundaria que me inspiraron.

Es preciso realizar una observación de clases, sobre todo de las clases a distancia, plantearnos qué es lo que estamos haciendo y a través de qué medios —por televisión, *mobile learning*, etcétera—.

También hay que hacer encuestas de calidad a la comunidad y plantear qué opinan de la Escuela Judicial del Estado de México para darnos a conocer y ser un referente a nivel nacional.

El *mistery shopping* consiste en hacerse pasar por el alumno con la finalidad de evaluar cómo son los procesos.

Actualmente, la tecnología permite que las encuestas puedan hacerse de manera muy rápida —por ejemplo, en *Google forms*— y que los resultados se obtengan de manera casi inmediata. Ello nos permite conocer, entre otras muchas cosas, si los encuestados recomendarían a la Escuela Judicial del Estado de México o no. Si la respuesta es afirmativa, estaremos tranquilos, pero si es negativa, entonces debemos preocuparnos y ocuparnos para buscar soluciones.

Debemos diseñar un modelo de investigación para fortalecer la alfabetización digital en la Escuela Judicial. En la parte de planificación, tenemos los objetivos generales, objetivos específicos, el público de interés, las estrategias que vamos a desarrollar, los canales, la medición y el presupuesto. Muchas veces me dicen «que no hay presupuesto». Pero no se necesita presupuesto, sino ganas y voluntad para hacer las cosas.

Finalizando, ¿qué tenemos que establecer? en relación con los pasos, las posibilidades y las necesidades para definir la estrategia y los alcances específicos, es indispensable generar al menos dos sesiones de inmersión para poder tenerlos y saber a dónde estamos dirigiendo nuestra planeación estratégica.

Termino diciendo lo mismo que afirmé al principio:

«La educación es el arma más poderosa que puedes usar para cambiar el mundo».

Nelson Mandela

Capítulo 3

RETOS Y CAMBIOS EN LA EVALUACIÓN DOCENTE EN LA EDUCACIÓN HÍBRIDA

Alejandra Bernal Hernández*

Los entornos VICA son volátiles, inciertos, complejos y ambiguos. Este término tiene su origen en la doctrina de guerra y no en la pedagogía. ¿Por qué ha migrado no solo al ámbito de la educación, sino también a todos los entornos que nos rodean?

Cuando hablamos de los retos y cambios en la evaluación docente, primero estaremos enfrentándonos —seguramente— a los cambios. ¿A cuáles nos referimos? Evidentemente, a la evolución en la educación; antes nos centrábamos solamente en el resultado, en lo que se debe saber; solíamos calificar a través de los exámenes, pero de pronto reparamos en que el resultado era importante pero no definitivo y migramos hacia el proceso. El cambio nos distrajo un poco porque nos importaban mucho algunas cuestiones —quién eres, cómo eres y cómo aprendes— y nos olvidamos de qué es lo que debes poder hacer con lo que aprendes, es decir, del producto. En la actualidad, ya sabemos que no podemos desligar estos tres elementos: sí importa el resultado, también es fundamental el proceso y no podemos olvidarnos de los productos porque la educación tendrá que centrarse en suministrar a los alumnos herramientas necesarias para desarrollarse en una realidad exigente y cambiante. Cuando hablamos de estas herramientas, nos referimos a elementos que, aunque no son tangibles, nos van a llevar a un «hacer», que es lo fundamental en un proceso educativo.

* Licenciada en Educación Secundaria. Maestra en Administración de la Educación y en Seguridad Nacional. Doctora en Educación.

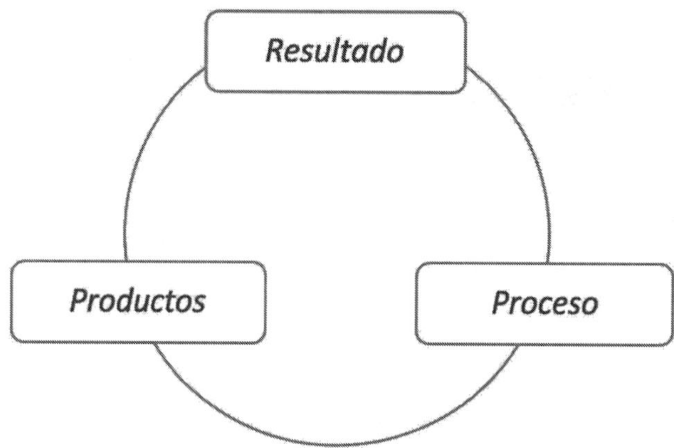

A partir de lo expuesto, resulta indispensable abordar la importancia de la evaluación. Nosotros evaluamos tradicionalmente los contenidos, esto es, los contenidos de cada una de nuestras materias y unidades a través de la resolución de ejercicios y, sobre esa base, tendremos que adicionar qué competencias es necesario que desarrollen nuestros alumnos. Tendremos que agregarles un proceso, esto es, cómo voy a enseñarlo, de qué manera puedo garantizar la calidad en la educación y, finalmente, cuál es la actuación del docente. Cuando reunimos estos cinco elementos, disponemos de un cuadro completo de los retos de la educación actual.

Evaluación

Contenidos Competencias ➔ *Proceso Calidad Actualización docente*

¿Qué es lo que nos obliga a pensar en una evaluación diagnóstica?, nuestro objetivo. La evaluación diagnóstica se orienta a reflexionar sobre cuestiones tales como ¿qué sabe el alumno?, ¿cuál es mi intención a partir de lo que sabe? Por eso, hoy es importante que los entornos híbridos nos inciten a reflexionar sobre que los escenarios ya no son ciertos; por ejemplo, en una educación híbrida ya no puedo saber si el alumno está poniendo atención o no porque no lo veo, tampoco puedo saber cómo avanza. Sobre todo, la educación híbrida nos invita a pensar que, en este modelo, el docente de hoy ya no está centrado en garantizar la atención de sus alumnos, sino tratando de mantener la concentración pese a los «reclamos» de su dispositivo móvil, que está lleno de todo lo que ustedes se puedan imaginar, desde cosas mucho más divertidas y sin una orientación académica, hasta un profesor que explica y que, en algunos casos, enseña mejor que nosotros porque tiene un tutorial que resulta más comprensible que lo que yo estoy haciendo. El verdadero reto en la evaluación en una educación híbrida es comprender que nuestra sola presencia ya no es suficiente.

Cuando estamos frente a los alumnos, es muy difícil que no tengan el teléfono a la mano o que carezcan de conexión a internet, pero si no los tenemos, nos enfrentamos a un mayor número de retos. Tenemos que saber superar todo lo que se asocia con lo que está dentro de su dispositivo —que es un entorno virtual mucho más amplio que el que tenemos en este espacio—. A este respecto, entonces, observaremos que hay dos agentes evaluadores en la educación híbrida —que puede ser presencial, virtual o a distancia—, que por excelencia tendrán que ser el profesor y el propio alumno. Antes, solo era el profesor el que evaluaba todo lo que ocurría y el alumno tenía que atender lo que fuera que nosotros quisiéramos que él quisiera. Hoy las cosas ya no son así, y es muy importante que los alumnos, como tales, también evalúen.

El alumno tendrá que evaluar cuáles son sus conocimientos, habilidades y cuáles fueron las razones de que se matriculara aquí; por su parte, el profesor tendrá que evaluar su metodología, su selección de contenidos y una cuestión muy importante: sus habilidades docentes. Hace muchos años era suficiente saber algo para poder enseñarlo y ser profesor, pero actualmente tengo que saber cómo enseñarlo y garantizar que el estudiantado aprenda, y ese es un reto muy importante. Respecto a las modalidades de intervención docentes, existen una educación presencial, una educación virtual y el resultado de ambas es la educación híbrida. Parte de sus retos estriban en pensar en aquellos que están aquí presentes y en los que están hasta allá, al otro lado de la pantalla.

¿Cuál es la ventaja del modelo híbrido? Una de ellas es que el alumno elabora más productos. En la educación tradicional, podemos estar hablando durante horas y si el alumno está orientando su atención hacia nosotros, damos por hecho que estuvo aprendiendo, pero cuando no lo tenemos con nosotros habremos de exigir que demuestre qué aprendió para responder a estas preguntas: ¿cómo sé que estuviste aquí?, ¿hiciste apuntes, puedes mostrarme de alguna manera que registraste algo, participaste de alguna forma, oral o escrita? Ese es un elemento indispensable en la educación híbrida: *los productos*, dado que se elaboran con los resultados de nuestra intervención educativa y, en consecuencia, habrá un segundo punto: si el alumno hace algo, querrá saber si lo hizo bien, de modo que el sistema requiere un mayor grado de retroalimentación. En relación con la educación presencial tradicional —que no es el término ideal—, cuando hablamos de «tradicional» nos referimos a un enfoque transmisivo que se centra en las enseñanzas que imparte el profesor a través y en la asunción de que el alumno tiene que aprenderlas. Este planteamiento tiene que ser superado por otro enfoque en el que la cuestión principal es la siguiente: ¿cómo puedo decir qué tanto están avanzando? El enfoque requiere un mayor grado de retroalimentación que se manifiesta de muchas formas. La más importante es que los alumnos no sean pasivos y que la actividad no necesariamente tiene que traducirse siempre en llevar plastilina y hojas de colores a los salones, sino en propiciar procesos de pensamiento y enseñarles a que tomen decisiones, aunque no todas sean compartidas.

Lo que sigue, entonces, nos llevará a ver que, en las modalidades virtual e híbrida, la educación presenta los siguientes momentos de evaluación: (1) diagnóstico, (2) formativo y (3) sumativo. El primero puede definirse con la pregunta ¿cuál es el entorno?, el segundo con la interrogante ¿cuál es la infraestructura? y, finalmente, observamos la interacción en nuestro entorno y elementos. La evaluación diagnóstica consiste en identificar qué es lo que tenemos y con quiénes vamos a trabajar para poder garantizar un anclaje entre lo que pretendemos enseñar y lo que ellos son capaces de aprender.

Luego viene la evaluación formativa y aquí analizaremos nuestros procesos, ¿cómo nos está yendo en el aprendizaje y en el nivel de desarrollo?, ¿será diferente que nosotros observemos si ellos han hecho una apropiación conceptual y si esta les está permitiendo generar un producto?, ¿cuál es la importancia de la evaluación formativa? Ni la evaluación formativa ni la diagnóstica se califican o se evalúan para que podamos hacer que todos alcancen el objetivo esperado o puedan calificarse con un diez. El buen maestro, entonces, no es el que reprueba a todos ni el que les pone diez a cada uno sin merecerlo, sino el que es capaz de que otros aprendan y, si todos se ganan el diez, seguirá siendo un excelente maestro, pero tendrá que demostrarlo.

La evaluación formativa exige que establezcamos estrategias remediales que nos permitan garantizar que todos aprendan antes de llegar a la calificación. En ese sentido, habremos de ver que hay cosas que no habíamos considerado. En primer lugar, los indicadores: ¿qué es lo que yo necesito que aprendan? En segundo término, la estimación: ¿cómo va evolucionando ese indicador?, ¿cuál es el juicio de valor de ese indicador que estoy estimando? En función de esa evaluación, ahora sí, puedo calificar.

¿Qué es lo que entonces revela la evaluación formativa? Nos muestra lo que nos está faltando, lo que no pude prever. Lo que debemos considerar como maestros y alumnos es que no vamos a ver qué resulta. Generaremos un proceso que va más allá de sacar un diez y que pretende garantizar que las condiciones sean las mejores. En este sentido, debemos preguntarnos por qué estamos aquí, por qué leemos este libro, más allá de una constancia o un registro de asistencia. ¿Qué podemos hacer para transformar su visión de la educación y el aprendizaje? Esto es fundamental en la educación formativa y, si tenemos que hacer cambios durante el proceso, esos cambios deben estar orientados a que todos tengan éxito, ellos como alumnos y nosotros como profesores.

Observamos lo siguiente en la modalidad presencial:

Estos tres momentos estaban articulados en una secuencia temporal perfecta. Hacíamos una evaluación diagnóstica al principio, luego llevamos una evaluación formativa y cerrábamos con una evaluación sumativa. Cuando nos enfrentamos a la educación híbrida, entonces no terminamos con la evaluación diagnóstica cuando ya empezamos la formativa porque en la educación presencial la primera semana de clases la mayoría de las escuelas, nuestros alumnos, entre otras cosas, elaboraban su portada, respondían el *test* de estilos de aprendizaje, el *test* de inteligencias múltiples, el *preséntate tú mismo,* hacían un autorretrato, contaban su historia o respondían a un examen diagnóstico y el maestro empleaba una semana recuperando información y, a veces, hacía entrevistas individuales. En la segunda semana empezaba a trabajar contenidos, al cierre trimestral el maestro suele llevarse los cuadernos y los revisa en su casa, les pedía trabajos finales, hacía el examen, el ensayo y al final, nosotros sabíamos cuánto íbamos a sacar a través de la evaluación sumativa.

La educación híbrida ya no nos brinda esa oportunidad, ya no tenemos a los alumnos siempre con nosotros y es preciso buscar formas de hacer el diagnóstico y, al mismo tiempo, empezar a trabajar, es decir, empezar a calificar y a corregir. Habrá muchas cosas que no podemos observar porque nuestros alumnos no estarán presentes. Tendremos que empezar a revisar y darles oportunidad de corregir, y aquí es donde emerge un cambio fundamental: la educación no está pensada para que la calificación sea el momento final. Como docente, tendré que desprenderme de esa herramienta maravillosa de control —la calificación—, pues ya no podré decirles: «si no guardas silencio te bajo un punto, si no vienes te bajo un punto», sencillamente porque hoy ya no puedo saber si está o no está. Lo que hoy tengo que decirle es: «si no aprendes vas a reprobar».

La pandemia nos ha ofrecido esa oportunidad de cambiar: si antes los maestros necesitábamos de un alumno que supiera prender el cañón porque nosotros no podíamos hacerlo, hoy ya nos convertimos en generadores de contenido. Antes solíamos sentir miedo de que nos grabaran en vídeo y después pudieran verlo, de pronto ya no había más alternativas que mostrarnos en medios asincrónicos y hemos desplegado un amplio número de habilidades para manejarnos en diferentes entornos.

La evaluación cambió, pues la evaluación híbrida desdibuja las fronteras de los momentos de evaluación y hace que sean más dinámicos que antes, que no tengan un cierre como en la modalidad presencial y que sean procesos abiertos para que, al mismo tiempo que estamos haciendo el proceso, calificando y ajustando, nos importa que los alumnos a través de sus productos demuestren que han aprendido y esta es, sin duda, una herramienta muy importante para todos nosotros, este es el verdadero cambio entre una modalidad y otra.

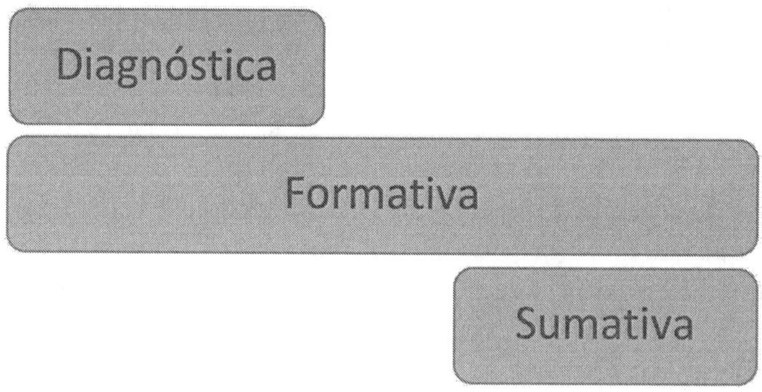

¿Cuáles son los momentos en los que podemos evaluar, entendiéndolos como observar, estimar e identificar sus niveles de avance para poder señalar una calificación?

Ahora, ¿cuáles serán nuestros retos? Como alumnos y como profesores tenemos que cambiar nuestra forma de concebir la educación formal en una escuela y tendremos que empezar a pensar cómo se enseña ahora.

En la evaluación diagnóstica, encontraremos serias diferencias. Como he señalado anteriormente, la evaluación diagnóstica es la primera que hacíamos al inicio de la clase y que hoy ya no podemos hacer. Tendremos una planeación presencial, que está basada en un diagnóstico integral, con tiempo para prever todos los elementos que pueda recuperar, y la segunda es que tengo a mis alumnos con la posibilidad de una participación sincrónica porque están compartiendo el mismo espacio físico que yo, en un horario. Por otra parte, en la evaluación híbrida tengo que hacer una evaluación diagnóstica basándome en la información disponible y, sobre todo, teniendo en cuenta que ahora mis actividades van a hacer asincrónicas. Hay alumnos que no se van a conectar nunca, hasta que haya pasado la mitad de la actividad, mientras que otros estarán desde el principio. Debo aprender a trabajar con esta volatilidad y esta incertidumbre, procurando que todos aprendan.

El reto en la evaluación formativa, al que también nosotros nos enfrentaremos se verá de manera muy evidente cuando hablamos de una evaluación formativa. En la educación tradicional, decimos a los alumnos que vamos a esperar a que lleguen sus dudas en el momento en que están desarrollando sus actividades y en la evaluación formativa voy a acercarme a ellos y a escuchar cómo intercambian información, después voy a ver cómo están haciendo su diagrama y voy a decirles en ese momento si va bien, si veo que un alumno va muy aventajado, puedo mostrarles ese cuaderno. Sin embargo, en educación híbrida no podré hacerlo porque no los puedo observar mientras llevan a cabo sus tareas. Entonces, ¿qué tendré que hacer?, esperar a que termine su diagrama y practicar la retroalimentación.

No importa si el alumno tiene dos o tres oportunidades para sacar diez porque lo que cuenta es que demuestre una apropiación de los contenidos. El maestro tiene que observar que, así como los alumnos aprenden y cambian, las calificaciones también pueden hacerlo, ya que nada es definitivo. Si en este momento nos entregan un trabajo de ocho y yo les digo cómo pueden sacar un diez, eso no lo convierte en un peor alumno ni a mí en un maestro permisivo. Lo que hacemos es darnos la oportunidad de consolidar aprendizaje.

Como maestros, la educación híbrida nos está obligando a preguntarnos qué tiene que saber hacer más allá de si lo hizo a la primera oportunidad o si fue el más rápido si, al final, el alumno lo sabe hacer. Estamos suministrándole herramientas para enfrentar el entorno, para que realmente pueda mostrar su desempeño.

Por lo tanto, la evaluación sumativa también enfrenta el reto de que sepamos conocer la diversidad y de ser conscientes de que esta tiene parámetros en común que nos permiten identificar cómo son nuestros alumnos. Además, través de sus productos puedo ir identificando la forma de trabajo de mis alumnos. Los productos finales sí se califican, pero nos dan la oportunidad de descubrir qué esperamos de ellos en los siguientes trabajos. Al final, también nos damos cuenta de cuáles, entre ellos, se acompañan y cuáles copian el trabajo de otros porque, aunque yo no los veo, sí puedo comprobar si los contenidos son replicados: pese a que le agregan un formato diferente, tienen la misma estructura cognitiva y sé que hubo plagio; en esos casos, también les estamos enseñando a comprometerse, a ser responsables y autónomos y, sobre todo, a ser originales. Eso es muy importante en nuestro trabajo docente.

En la educación híbrida tendremos que respetar esas diferencias individuales y, de igual forma, tendremos que desarrollar en los alumnos la autonomía en el aprendizaje, la honestidad académica y anticipar el hecho de que si no nos contestan no quiere decir que no nos escucharon. La comunicación tiene que estar abierta y las formas de responder serán diferentes: sé que el alumno me escuchó porque me entregó un trabajo que ya cumplía con lo que se solicitaba y tengo que respetar que, a diferencia de otro alumno, no tomó la oportunidad de expresarse, posiblemente porque estaba todo claro.

Estos ejemplos nos invitan a reflexionar sobre la naturaleza de la educación híbrida. Sobre todo, cuestionarnos cómo tenemos que ser como alumno en el nuevo entorno que después de la pandemia nos ha transformado por completo y también nos obliga a ser profesores diferentes. Reinventar la educación no es solamente saber utilizar la computadora y un programa tecnológico, sino movilizar sus procesos cognitivos de todas las formas posibles, más allá de los elementos tangibles. En un entorno virtual, la educación hoy no puede ser percibida igual que sus procesos de pensamiento, de modo que atender a esta diversidad respetando todas estas condiciones como profesores y como alumnos es comprometerse más con lo que uno quiere aprender.

Será mucho más importante el proceso que la calificación que puedan obtener. Si, como alumnos, dejan de preocuparse por el diez y se preocupan más por aprender, el diez va a llegar solo, el alumno de excelencia no necesariamente va a ser el más exitoso, eso lo sabemos como profesores. Entonces, ¿qué es lo que tenemos que cambiar como docentes? Dejar de concebir a los alumnos como un número y verlos como individuos que pueden y deben saber desempeñarse en un futuro. La escuela tiene una intención, fue generada para poder sistematizar esos elementos que alguien debe tener para después ser exitoso en su vida. La escuela, entonces, no tiene la finalidad por sí misma de que solamente saquen diez en el nivel que cursen o que el maestro sea excelente, sino que lo que hacemos como docentes es que los alumnos sean exitosos, porque por nuestras manos pasará —seguramente— alguien que en algún momento interactuará con nosotros fuera del entorno escolar. ¿Cómo quiero que lo haga?, ¿qué espero de ello? La escuela y la sociedad no pueden desasociarse en ninguno de sus niveles y, por eso, lo fundamental es cambiar nuestra visión como docentes y como alumnos porque ambos formamos parte del mismo grupo social.

La ecología escolar es restablecer ese equilibrio que hemos ido mitigando. No se trata solamente de juntar botes de pet ni tampoco de reciclar el aluminio, se trata también de lo que esperamos de un individuo y de su calidad. Venimos a la escuela porque buscamos ser mejores humanos y porque esperamos, cuando estemos fuera de ella, mejorar en términos de estratificación social, y eso lo vamos a conseguir solamente cuando estemos unidos.

Capítulo 4

DESARROLLO HUMANO EN LA EDUCACIÓN JUDICIAL HÍBRIDA

David Jurado García*

«Lo importante no es mantenerse vivo sino mantenerse humano».
(George Orwell)

Para comenzar, compartiré con ustedes algunas consideraciones sobre el escritor George Orwell, conocido por escribir el libro *Rebelión en la granja* así como la fascinante novela *1984*. Fue un autor importante para el humanismo porque justamente señaló los estragos inhumanos que el mundo de la tecnología y la guerra estaban provocando. Su novela de *1984,* es una profecía distópica escrita aproximadamente en 1945, cuando terminó la Segunda Guerra Mundial, y en ella describía cómo sería el mundo en 1985. En esta novela aparece la figura del *Gran Hermano* o el *Big Brother,* un ser vigilante de todas las conductas. En el mundo tecnologizado que describe Orwell no hay amor o libertad. La novela versa sobre la aventura de dos héroes que rescatan el amor y la libertad en un mundo prácticamente totalitario, y es interesante porque desde 1945, Orwell imaginaba cómo iba a estar el mundo que hoy justamente vivimos.

Orwell nos dice que lo importante no es solamente estar vivo, sino mantenerse humano, lo que quiere decir es que el ser humano siempre busca ir más allá de sus propios instintos y necesidades de supervivencia. Esa es la gran virtud humana, a saber, que no solamente vivimos cumpliendo nuestras funciones esenciales para sobrevivir, sino que tratamos de aprovechar la vida para vivir de la mejor manera posible.

Quiero compartir con ustedes las ideas del humanismo, que hoy se llama *desarrollo humano,* y para ello les muestro la imagen de un sabio mesoamericano, *Tlamatini,* el que sabe las cosas: estos pensadores eran médicos, maestros, sabios que tenían como función principal educar a las personas, son los que recurrían al lenguaje florido, es decir, al lenguaje metafórico y poético para

* Licenciado en Psicología. Maestro en Filosofía por la Facultad Filosofía y Letras de la Universidad Nacional Autónoma de México. Especialista en Desarrollo Humano.

enseñar a sus alumnos, los que tienen la vírgula de la palabra, ese símbolo de su voz que es sabiduría y poesía. Su principal función era educar a las personas, que hoy en día bien podrían ser los maestros que encontramos en las aulas, los que transmiten no solamente el conocimiento, sino una inspiración para vivir a todos los estudiantes. Este sabio maestro surge en el arte más impactante de la condición humana, la filosofía, que es el arte de hacernos preguntas sobre la vida. Potencialmente, todos tenemos esta gran facultad, es decir, hacernos preguntas sobre nosotros, la vida, el mundo y sobre los demás; se trata, pues, de una cualidad intrínsecamente humana. Los *Tlamatini* eran forjadores de cantos, eran los que escribían los códices, la narración histórica de toda una cultura, y tomo este ejemplo de Mesoamérica porque en las grandes culturas siempre estuvo presente la figura de este gran maestro, del sabio *Tlamatini.* Los maestros de la palabra florida son una luz que alumbra, pero que no ahúma, son los que trazan caminos, guías veraces para otros, conductores de las personas y consejeros en los negocios humanos, los grandes educadores, los sabios.

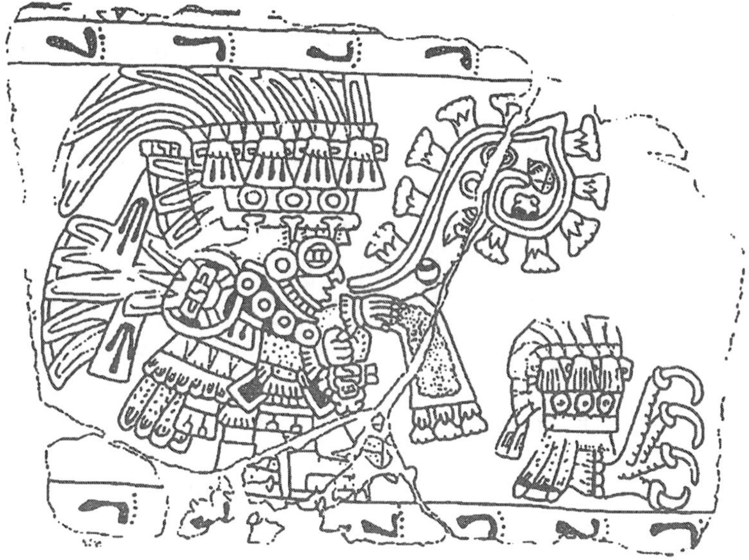

Presento esta figura porque gracias a este educador la gente humaniza su querer, encuentra los elementos para relacionarse amorosamente con otras personas y la sociedad, que es una de las tareas más importantes de toda educación.

En esta filosofía, como en las grandes filosofías de las más grandes e importantes culturas humanas —los griegos, el renacimiento, la ilustración, el marxismo, el cristianismo— siempre prevalece una concepción o idea del ser humano. Estos grandes humanismos han planteado una idea de lo que es el ser humano. En la filosofía mesoamericana tenían una bonita forma de expresarse, en metáfora con el simbolismo, utilizaban un tipo de lenguaje que se llamaba el diafrasismo. Dos palabras definían al ser humano, entonces, desde su filosofía y su educación: decían que el ser humano es el rostro que representa esta parte aparente de nuestra personalidad, esto que mostramos al mundo, la esencia de nuestra manera de ser, pero también el ser humano tiene algo poderosamente profundo que llamamos el corazón, ahí donde radica esta voluntad, estas ganas de vivir, esa concepción del ser humano, el *In Ixtli, in Yollotl, el rostro, el corazón.* Esta concepción del ser humano se desarrollaba en toda forma de educación, de ética, de procesos incluso judiciales, de gobierno. A partir de esta idea del ser humano, en todas las culturas del mundo se han desarrollado todos estos sistemas educativos, éticos, incluso religiosos, para orientar y dar sentido a la vida de las personas.

Filosofía

Concepción del Ser humano:
In Ixtli, in Yollotl
El rostro , el corazón

El Ideal de toda persona:

"Hacer sabios los rostros y firmes los corazones como una piedra"

¿Cuál era el ideal o hasta dónde tenían que llegar el rostro o el corazón? El ideal de toda persona era *hacer sabios los rostros y firmes los corazones como una piedra.* Desde esta idea, que en la psicología moderna llamamos *autorrealización, superación personal,* se pretendía que el rostro tuviera sabiduría, que el corazón se mantuviera fuerte, poderoso y con una gran voluntad para poder enfrentar los desafíos que la vida presenta. Así fue creada toda una filosofía moral y un ideal educativo. En los templos, las escuelas y las ciudades se decía:

«Comenzaban a enseñarles:
cómo han de vivir,
cómo han de respetar a las personas,
cómo se han de entregar a lo conveniente y lo recto,
han de evitar lo malo, huyendo con fuerza de la maldad,
la perversión y la avidez».

Crearon todo un código moral, un ideal que se pretendía que alcanzara toda persona. Podríamos decir entonces que en esta forma de pensar anida todo un humanismo, que hay un ideal educativo. Partiendo de este antecedente y de las ideas de la filosofía mesoamericana, me propongo reflexionar sobre cuál es hoy, el ideal de toda educación.

¿Qué función tiene hoy la educación en la vida de las personas?

1. Es el mismo que todo humanismo: buscar la revaluación y plenitud de toda persona. Para eso existe la educación, para llevar a toda persona a su máxima expresión, a su realización personal.

2. La educación también consiste en formar buenos ciudadanos en el mundo. Por mucho tiempo se decía que debíamos dejar un mundo mejor, pero también es importante dejar buenos ciudadanos para habitar este mundo.

3. También creo que uno de los grandes propósitos que se ha descuidado en la educación es enseñar a vivir de la mejor manera posible, incluso a ser feliz, encontrar el bienestar, y este es el propósito fundamental del desarrollo humano: no solo dotar de conocimiento, técnicas y herramientas o realizarse como persona, sino enseñarnos a vivir de la mejor manera posible. Yo creo que la felicidad es el concepto central de todo humanismo y de toda educación.

En un libro fascinante de Savater sobre la educación, *El valor de educar*, el autor recuerda que la función más importante de toda educación es ejercer una tarea humanizadora. La educación, señala Savater, nos permite trasmitir de generación en generación todos los gestos, el conocimiento, la manera de vivir que las personas necesitamos y el encargado de hacer esta transmisión es el docente, el sabio, el maestro. Lo que hace la educación es transmitir a otra generación todo lo que una generación previa ha forjado. Por eso, la educación es la tarea más humanizante que desarrollamos, hacernos humanos los unos a los otros y es también, la tarea de todo humanismo.

Este concepto que llamamos desarrollo humano comienza a través de una forma de educación distinta a la tradicional. Comúnmente, cuando hablamos de educación pensamos en las universidades, las aulas, los libros, los maestros, el estudiante receptivo que escucha las lecciones asimilando datos y teorías. Sin embargo, la educación para el desarrollo y bienestar humano se denomina educación para la vida, y es una forma de aprender diferente a la tradicional en la que lo más importante no solamente es el conocimiento racional, los datos, los libros, las teorías, las fórmulas, sino también el trabajo vivencial, lo que significa que abarca en profundidad todo y que tal vez tiene que ver con el aspecto o el refugio más importante de toda persona, allá donde están nuestras emociones, valores, afectos y formas de ver el mundo, esto es, todo aquello que en las aulas a veces no revisamos.

La educación para la vida nos dice que hay cuatro pilares del aprendizaje que, para alcanzar su realización personal, toda persona tiene que trabajar: aprender a aprender, como hacemos en la escuela, conceptos, teorías e ideas, pero también aprender a hacer como en el trabajo, aprender a manejar una herramienta, un equipo. Estos dos pilares son importantes, pero una educación para la vida también tiene que incluir el aprender a convivir y disponer de las herramientas y las competencias necesarias para convivir con otras personas porque gran parte de nuestro bienestar tiene mucho que ver con la manera en la que nos relacionamos con los demás.

¿Saben ustedes que en terapia —por ejemplo— el 80 % de los casos que revisan los psicoterapeutas son por problemas de convivencia? Y no es porque las personas no quieran o no puedan o solo quieran lastimar la vida de los demás, sino porque no cuentan con las herramientas necesarias para convivir con los demás. El desarrollo humano implica el aprendizaje de habilidades sociales que nos permitan convivir de la mejor manera con otras personas, es un pilar fundamental de toda educación.

La educación para la vida incluye, además, un cuarto pilar, aprender a ser una mejor persona. Este es el propósito fundamental del desarrollo humano. Siempre que ustedes escuchen la expresión desarrollo humano en la escuela, en el trabajo, en la sociedad, quiere decir aprender a ser una mejor persona.

Vamos a ver en qué consiste esto del desarrollo humano. Es una perspectiva, un enfoque humanista que surge vigorosamente después de la caída del muro de Berlín —1989-1990—. El nuevo mundo tecnologizado, el libre mercado había generado gran riqueza en la sociedad pero que, al mismo tiempo, conformó lo que se denominó la *agenda negra* del libre mercado y de la globalización. ¿Qué era esa agenda negra de la globalización? Todos los problemas que todavía vivimos —entre ellos, la migración, la pobreza, la infelicidad, la depresión— no eran entendidos en el mundo en aquel tiempo (1990). ¿Por qué, si hemos generado tanta riqueza, hay tanta depresión y pobreza, así como actitudes tan inhumanas? Porque justamente nos olvidamos de trabajar el desarrollo humano, que es una manera de ver y comprender qué es la persona, exalta las mejores virtudes y cualidades de toda persona, y también resguarda la dignidad, el valor íntimo y profundo de cada uno de nosotros. Su finalidad es promover el bienestar, es decir, el desarrollo no aparece para que acumulemos poder, para ser más inteligentes ni siquiera para tener mayor éxito, sino que promueve el bienestar de las personas, vivir de la mejor manera posible. De nuevo, siempre que escuchen *curso de desarrollo humano* o *temas de desarrollo humano,* la intención es brindarnos herramientas, ofrecernos una experiencia de aprendizaje para vivir de la mejor manera posible y encontrar el bienestar. Por ello, los dos escenarios más importantes de todo desarrollo humano siempre serán la educación y el trabajo, por esto, si se dan cuenta, desde muy temprana edad a los niños ya les enseñan temas de desarrollo humano en las escuelas, como los valores, la autoestima o la inteligencia emocional. Las mejores universidades de este país promueven cursos y programas de desarrollo humano, pues no se trata solamente de que seas un estudiante brillante, talentoso y que te puedas graduar con todos los honores, sino también de que seas una mejor persona. Imagínense en el mundo real cómo va a ejercer su trabajo un profesionista —una ingeniera, un médico o una abogada— si tiene un problema de autoestima, cómo estos grandes profesionistas, egresados de las mejores universidades en una gran carrera van a dirigir equipos de trabajo, tomar decisiones importantes si ni siquiera tienen habilidades de comunicación o convivencia con los demás, cómo van a manejar a los equipos si no tienen herramientas sociales. Es algo que está pasando en el mundo real: hay profesionistas brillantes, con coeficientes altos y grandes promedios, pero que emocionalmente están limitados.

¿Saben cómo dirige un equipo de trabajo alguien que carece de herramientas sociales?, ¿qué decisiones toma aquella persona que tiene problemas de autoestima, que no sabe manejar sus propias emociones?, ¿qué tipo de líder puede tomar decisiones si tiene un problema de inteligencia emocional? Es una realidad, y creo que este país no solo necesita personas brillantes, talentosas y estudiosas, sino también buenas personas que se sientan bien y tengan este bienestar. Como sociedad, estamos en el momento crucial no solamente para formar personas talentosas, sino también buenos ciudadanos.

¿Cómo creen que trabaja una persona cuando tiene una fuerte autoestima?, ¿cómo dirige un equipo de trabajo alguien que sabe relacionarse amorosamente con dignidad y de manera saludable?, ¿qué decisiones toma aquella persona que trabaja su inteligencia emocional?, ¿qué tipo de trabajo hace ese profesionista que entiende la influencia de los valores en sus decisiones personales? Todas estas son las herramientas del desarrollo humano.

El desarrollo humano es una propuesta humanista que tiene como finalidad ayudar a las personas a que encuentren el bienestar, pero fíjense, este concepto de bienestar nos sitúa en un escenario controvertido. ¿Qué significa bienestar?, ¿cómo podemos darnos cuenta de que una persona goza de bienestar? No hablo de felicidad, sino de bienestar, ¿cómo nos damos cuenta que una familia o sociedad tienen bienestar?, es un concepto polémico porque cada quien entiende el bienestar de manera diferente. Algunos creen que vivir bien tiene que ver con el dinero, los bienes materiales, el puesto que tienes en el trabajo. Otros creen que tener bienestar tiene que ver con la carrera que estudiaste, el grado académico que alcanzaste. Hay, en fin, personas que creen que el bienestar tiene que ver con su apariencia, con su imagen, con la ropa que llevan. Estamos, por tanto, ante un concepto polémico.

Este concepto de desarrollo humano es medible. La UNESCO cada año publica una estadística mundial al respecto. ¿Cuáles son los países con el mayor índice de desarrollo humano en el mundo? Los países del norte de Europa, especialmente Suecia, Dinamarca, Finlandia, tienen una mejor calidad de vida, México ocupa el lugar número cincuenta y ocho en calidad de vida, es un país que, con todo lo que tiene y con todo lo que es, debería vivir mejor, pero tenemos muchos problemas que impiden que, como mexicanos tengamos una mejor calidad de vida y desarrollo humano. Uno de esos problemas es la educación. En México seguimos teniendo una concepción muy limitada de la misma, la hemos hecho muy técnica, muy práctica y nos hemos olvidado de profundizar en las cualidades y virtudes humanas, en estas herramientas socioemocionales que todo profesionista debe trabajar. Yo les ofrezco un concepto de bienestar y de superación personal que tiene dos dimensiones, dos rostros. La primera dimensión del desarrollo humano, a la que llamo *la vida justa, la vida digna,* hace referencia a todo lo que una persona debe tener para vivir dignamente, es decir, las necesidades básicas y esenciales en la vida de una persona —alimentación, salud, vivienda, educación y seguridad—. Cuando una persona, una familia o una sociedad tienen resultas estas cinco necesidades básicas, se considera entonces que viven una vida digna. ¿Y cuál es la forma de obtener esta vida digna? Prepararte, tener un buen trabajo que te procure el ingreso necesario para cubrir aquellas necesidades básicas. No hay otra forma, prepararnos bien, trabajar, tener el ingreso y satisfacer estas necesidades básicas, es válido y por eso la gente trabaja tanto tiempo, porque quiere darle una calidad de vida a su familia, pero no sé si conocen a una persona o familia que lo tenga todo y hasta lo tenga de más, que esta parte de la vida justa y digna la tenga bien resuelta; podríamos plantearnos ¿realmente tiene bienestar?, o quien tiene tanto ¿realmente es feliz? No siempre y hasta parece una contradicción, porque quien tiene tanto tiende a obsesionarse por tener más, no lleva una vida tranquila, además, quien tiene tanto está preocupado por hacer más dinero, sus hijos no quieren trabajar, probablemente su familia está desintegrada, a veces desarrollan problemas de salud debido a su excesiva dedicación a generar riqueza. Y es que, hablando de bienestar, no basta con tener lo que más se pueda, sino que hay otra dimensión del bienestar, *la vida buena, la vida feliz*, que hace referencia a todo lo que una persona debe aprender para ser una mejor persona.

Vean entonces estas dos dimensiones, el tener y el ser. Si la única manera de lograr la vida justa y digna es el trabajo, la preparación y el ingreso, la única manera de cumplir con esta dimensión de nuestro bienestar es aprender lo necesario para ser una mejor persona. Desde el punto de vista del desarrollo humano, ser una mejor persona no quiere decir ser más que los demás, en otras palabras, el poder, la soberbia, la prepotencia de tu inteligencia y el dinero. Ser una mejor persona desde el punto de vista del desarrollo humano es conocerte, trabajar tu confianza, seguridad y amor propio, aprender a estar bien contigo mismo porque, en ese caso, cuando encuentras este tipo de bienestar personal, tu sentido de responsabilidad aumenta y puedes ofrecer lo mejor de ti a otras personas, Seguramente ustedes saben que las personas más generosas y solidarias tanto tienen y tanto son que pueden compartir lo mejor que son con todos los demás y que, en cambio, las personas que solo se obsesionan con el poder, por la razón y por los bienes materiales son codiciosos, no comparten, no son solidarios. ¿Qué tan feliz puede ser una persona que tiene tanto, pero que no comparte lo mejor de su vida con los demás?, ¿cuánta soledad puede sentir alguien que ha generado tanto dinero y bienes materiales si no es capaz de tener una familia, de estar con una pareja, de tener hijos?

Entonces, la única manera de alcanzar esta dimensión del bienestar —la vida buena, la vida feliz— es aprender herramientas, habilidades sociales que la escuela ha descuidado, que al trabajo no le interesa. Por lo tanto, cada persona tiene que resolver los desafíos que su vida presenta para poder solucionar las crisis —de todo tipo— que enfrentamos. Esta dimensión es la que le compete al desarrollo humano, que brinda la oportunidad de aprender lo necesario para que te sientas bien. Ahora bien, déjenme decirles que estas dos dimensiones deben de reconciliarse, no son excluyentes, no es recomendable que en la búsqueda de nuestro bienestar nos centremos solo en la vida justa, la vida digna y descuidemos lo demás, tampoco sería recomendable enfocarse a la vida de aprendizaje espiritual, amorosa y emocional y descuidar las necesidades de tu vida. Se trata, por tanto, de alcanzar un equilibrio entre ambas dimensiones. Que cada quien revise su manera de vivir y vea a qué le ha dedicado mayor empeño, mayor esfuerzo. Si ustedes hicieran una encuesta a familiares y amigos y les explicaran estas dos dimensiones, ¿qué respuesta les darían?, ¿a cuál de las dos dimensiones le han dedicado mayor tiempo? Yo creo que un 90 % dirían que a la vida justa, *por eso trabajo tanto,* pero ¿cuándo fue la última vez que nos dedicamos a ser buenos, felices y a lograr esos vínculos afectivos con otras personas, a desarrollar nuestra capacidad de comunicación, a entender y tal vez manejar nuestras emociones, a revisar nuestro sistema de valores, nuestro proyecto de vida?, ¿cuándo fue la última vez que nos hemos detenido a pensar, a leer o tomar un curso de estos temas?, ¿cuándo fue la última vez que revisaron en qué consiste el amor propio o la autoestima de una persona?, ¿cuándo fue la última vez que revisaron algo que les permitiera entender sus emociones? Para no ser ni tan impulsivo ni tan reprimido, sino darle a sus emociones su justa expresión, ¿cuándo fue la última vez que hablamos de nuestro sentido de responsabilidad, de la experiencia de nuestra libertad? Esto es lo que tenemos que recuperar y aprender en la búsqueda de nuestro bienestar.

¿Cuáles son entonces los grandes temas de desarrollo humano?

- El autoconocimiento y la autoestima:

Ser mejor persona implica aprender, cumplir ciertas tareas vitales, no es una tarea motivacional ni dictada por decreto. Quien quiera ser una mejor persona necesariamente tiene que aprender, trabajar y cumplir tareas fundamentales de su vida. El autoconocimiento, la oportunidad de reflexionar sobre nosotros y nuestras cualidades, virtudes y talentos, pero también de reconocer nuestras limitaciones y debilidades, es una tarea fundamental, pues ahí es justamente donde comienza todo el proceso de bienestar, en el autoconocimiento. Una persona no puede cambiar nada de su vida si no se conoce, una persona no puede alcanzar este nivel de amor propio y confianza en sí mismo —que llamamos autoestima— si no se conoce a sí misma.

Fíjense que esta tarea del desarrollo humano resulta complicada en la sociedad en la que vivimos, pues nos enseñan a conocer la vida de los demás antes que nuestra propia existencia. Hay personas para las que la vida de los demás tiene mayor relevancia que lo que acontece en su propia vida. Nos enseñan a enterarnos de la vida ajena y, por ello, esta tarea del desarrollo humano nos cuesta trabajo, porque estamos preparados para hablar de los demás pero no para hablar de nosotros, es aquí donde comienza todo el proceso de bienestar de una persona: si necesito cambiar algo, tengo que conocerme.

- Una tarea importante del desarrollo humano es la historia personal y el desarrollo de tu personalidad:

En este punto, es importante ver cómo todas las experiencias que has vivido, que has enfrentado, tanto buenas como malas, han forjado tu personalidad. Ustedes saben que la manera de ser que todos tenemos tiene mucho que ver con la manera en la que enfrentamos, sufrimos o disfrutamos las experiencias de la vida. Por eso es importante el desarrollo humano y comprender tu propia historia personal, cómo viviste tu infancia, tu adolescencia, tu juventud, todo esto es fundamental en el desarrollo humano, es una conciliación con tu propia historia personal para entender quién eres y por qué eres así. A veces tenemos que revisar nuestra historia, nuestro ciclo de la vida, a veces en esa comprensión hay que hacer una reparación de algo que vivimos y que hoy nos sigue afectando. Por ello, en desarrollo humano hacemos actividades que tienen que ver con la historia personal, porque ahí está gran parte de tu personalidad.

El psicoanálisis tenía una premisa para entender la personalidad de cualquiera: *infancia es destino,* ¿qué quiere decir?, que lo que tú viviste en tu infancia configuró —y a veces determinó— la personalidad que hoy como adulto tienes. No solamente la infancia, sino también la adolescencia, nada más que en aquel tiempo no había adolescencia, estas etapas configuran e impactan la personalidad que hoy somos, de ahí la importancia de comprender nuestra historia personal, de revisar tratando de entender por qué soy así.

- El desarrollo de habilidades sociales y de comunicación:

Dicen que el ser humano es un ser social, que necesitamos de los demás para poder vivir. En efecto, nadie en soledad y alejado de los demás puede encontrar bienestar, porque los demás te otorgan un sentido de identidad y de pertenencia. ¿Cuánta soledad podemos sentir si nos distanciamos de los demás? Necesitamos convivir con los demás.

Pero ¿esta relación con los demás no resulta contradictoria? Piensen en su familia, ese grupo de tanto tiempo tan querido, que les ha dado un sentido de identidad, de pertenencia, un soporte emocional, pero que también ha podido generar todo lo contrario y que a veces te hace sentir mal porque los grupos humanos —cualesquiera— son imperfectos. Imaginen cuánta diferencia o controversia existe entre las personas de un grupo, qué curiosa contradicción, necesitamos de ellos aunque a veces, estando con ellos, no nos sentimos bien. ¿Qué tenemos que hacer ante esa paradoja? Aprender habilidades sociales, la más poderosa de las cuales es la comunicación. Debemos aprender a comunicar bien.

Yo tengo la idea de que cuando una persona aprende a comunicarse bien, su relación con los demás mejora considerablemente y, al estar bien con los demás, toda esta sensación de bienestar y plenitud se despierta. Por el contrario, muchos de los problemas que tenemos con los demás se deben a nuestra incapacidad de comunicarnos. La comunicación efectiva es una herramienta importante de toda educación. Somos una sociedad que no sabe comunicar y eso constituye una contradicción, porque ¿cómo se denomina a la sociedad en la que estamos viviendo? La sociedad de comunicación y de la información. Hoy más que nunca estamos comunicados, contamos con dispositivos que permiten la comunicación con todo el mundo. Paradójicamente, estamos más distanciados de las personas, y lo que debería acercarnos a las personas, en realidad nos está alejando de ellas. Para algunas personas lo mejor de su vida sucede en sus redes sociales, por eso están al tanto todo el tiempo de su celular, o del internet, y cuando están con una persona cercana a ellos ¿qué hacen?, no dicen nada. He visto este fenómeno en restaurantes, llega la pareja que según tanto se quieren, se saludan, se sientan en su mesa y, al sentarse, cada quien saca su celular, abre su computadora a ver qué está pasando en su mundo digital, no hablan entre ellos, parecen dos extraños compartiendo la misma mesa, terminan de comer y se despiden. Inmediatamente no se ven y empiezan a buscarse por celular. Resulta difícil de comprender que, si estaban hace diez minutos juntos y se quieren, no se dijeron nada o no se miraron.

Somos la sociedad de la contradicción y el fenómeno de falta de comunicación sucede en todos lados, en las reuniones familiares donde al festejado lo ignoran porque cada quien está en su celular, o cuando celebramos a nuestra abuela nadie le hace caso, todos en su celular. Pues bien, hay clases en las aulas en donde nadie le hace caso al maestro y todo mundo se dedica a mirar en su celular, y en las juntas de trabajo sucede lo mismo. Todo esto es una contradicción, dado que lo que debiera conectarnos con las personas no lo está haciendo. Por eso es fundamental aprender a comunicarnos, ya que la comunicación es una de las habilidades más poderosas del desarrollo humano y nos enseña a expresarnos, a saber escuchar, a ser empáticos, a tener asertividad, a expresar las cosas que sentimos, pensamos o necesitamos sin lastimar o herir a otra persona.

- La inteligencia emocional:

¿Qué es la inteligencia emocional? Un conjunto de habilidades orientadas a conocer y comprender tus emociones para que puedas controlarlas y manejarlas, para que no seas tan impulsivo y lastimes a los demás, pero tampoco para que ocultes lo que sientes y puedas expresarte. Cuando haces este trabajo personal de tus emociones, entonces puedes comprender las emociones de los demás y generar empatía. Así como la comunicación efectiva es una poderosa herramienta del desarrollo humano, la empatía también lo es. Hoy en día, en este mundo tan distante, tan insensible, tan indiferente, es necesaria la empatía. ¿Qué es la empatía? Una virtud, una habilidad de la comunicación enmarcada en la inteligencia emocional que consiste en comprender las emociones y el estado de ánimo de otras personas, es una solidaridad emocional a través de la cual haces sentir a aquellas personas que comprendes lo que están sintiendo. La empatía conecta, te involucra, fortalece el vínculo afectivo con otras personas y no es compleja, requiere tu sensibilidad, tu voluntad de conectarte con otra persona.

¿Saben qué es lo contrario a la empatía? La apatía, es indiferencia, pues consiste en demostrarle a la otra persona que no me interesa lo que piensa, cada vez que somos distantes con los demás, generamos ruptura, cada vez que tú le muestras empatía a otra persona, te conectas y te involucras, y el vínculo afectivo se fortalece. Somos una sociedad que, además de no comunicar bien, carece de empatía, hoy por hoy un gesto de saber escuchar y de ser empático no solamente es un gesto de cortesía o buen respeto, sino que se ha convertido incluso en un gesto de cariño. Vean ustedes lo que se siente escuchar a alguien empático, lo que se siente generar empatía con alguien; algo en tu interior se despierta, te motiva y hasta te enamora de otra persona. Somos una sociedad tan agitada cuyo ritmo de vida es tan vertiginoso que no tenemos tiempo de escuchar al otro, por eso la empatía es una poderosa herramienta del desarrollo humano.

• El razonamiento moral y valores:

Son los referentes que guían nuestro comportamiento y dan un sentido a la vida, nos dicen qué hacer y qué decisiones tomar. Todas las personas los tenemos, pero en ocasiones se nos olvidan. Es importante disponer de esta guía que nos permite dar un sentido a nuestras decisiones, a nuestros puntos de vista, a nuestros juicios; hay que revisarlos, pues no se pierden, pero hay que retomarlos y, sobre todo, ponerlos en práctica.

• La experiencia del amor y la libertad:

No veamos al amor en términos de idealismo, pasión, sentimiento o arrebato, sino como tarea vital, como responsabilidad. Nadie puede vivir como si el amor no existiera, lo necesitamos todos para vivir y por eso lo buscamos. Se trata de lograr vínculos afectivos que nos hagan sentir bien, que no nos atormente o generen miedos. No sé si alguna vez han pensado *¿por qué existe el amor en la vida de las personas, ¿por qué lo buscamos tanto?* Gran parte del bienestar se debe a nuestra capacidad de amar y buscamos el amor tratando de lograr vínculos afectivos poderosos con otras personas para no sentirnos solos, para no ponernos tristes; se trata de una tarea importante del desarrollo humano. Decía Erich Fromm, el gran teórico del amor, en *El arte de amar*, —un libro fascinante y recomendable del que van a aprender mucho—, que el amor es el interés activo por la vida y el crecimiento de aquello que amamos, es decir, si de verdad amo a alguien, haré lo posible para que crezca y sea mejor cada día. El amor no tiene porque ser un tormento, no tiene que doler, pero la realidad en este país nos dice que amar a veces duele porque la gente se vuelve posesiva, obsesiva, indiferente, violenta y porque confundimos el amor con la violencia. Por eso, tarea importante de nuestro bienestar es aprender a amar. Es el amor algo inherente al ser humano, es uno de los grandes atributos de la humanidad; de hecho, somos la única especie que puede amar, pero también el amor es cuestión de aprendizaje, hay que aprender a lograr vínculos afectivos que sean saludables y que nos hagan sentir bien. Ahí es donde el amor cumple su propósito esencial, generar bienestar y goce. De eso trata el amor; por eso, el amor y la libertad son tareas importantes de todo desarrollo humano.

- El sentido de trascendencia y voluntad de vivir:

Una tarea espiritual que consiste en poder identificar y descubrir todo aquello que le da un sentido a la vida, aquello que nos conecta con la misma y nos hace sentir que, aunque la vida a veces es difícil y dolorosa, vale la pena estar aquí. Es este un descubrimiento personal, tener un propósito para vivir, ¿cuál es la función de tener un propósito para vivir? Algo que le dé sentido a tu vida te reconcilia con ella y despierta desde lo más profundo de ti tus ganas de vivir, es como ese ganchito que necesitamos todos para conectarnos con la vida que sirve de aliciente motivacional, es un alimento. ¿Qué pasa cuando una persona no descubre el sentido de su vida? No tiene claro un propósito para vivir, no tiene algo que valore tanto, algo que quiera lograr, a alguien a quien quiera amar y siente que la vida pierde sentido. ¿Qué significa perder sentido? Considerar que la vida es un escenario triste y adverso donde no vale la pena vivir. Entonces generas amargura, incluso resentimiento. Podemos identificar fácilmente a una persona por sus ganas de vivir, pues está motivada, contenta, disfrutando lo que está haciendo, no es la persona perfecta pero enfrenta las tareas y desafíos con honor, dignidad y aprende. ¿Han visto a una persona con amargura? Está cansada, enferma, peleándose con todo el mundo, fastidiando la vida de los demás y hace las cosas con disgusto, renegando de la vida, pues no le ha encontrado un sentido.

Una tarea importante de nuestra vida es tener claro y descubrir cuál es el sentido de la vida, ¿para qué estamos aquí?, ¿qué nos motiva?, ¿cuál es nuestro aliciente?, nuestra gran motivación. El concepto de voluntad de vivir fue acuñado por uno de los más importantes psicólogos humanistas, Vicktor Frankl, autor del maravilloso libro *El hombre en busca del sentido.* Les recomiendo vivamente la lectura de este libro cuando estén enfrentando una situación crítica, cuando estén deprimidos, cuando les rompan el corazón, cuando la vida no tengan sentido para ustedes, pues su subtítulo «*Diario de un psicólogo en un campo de concentración*» ya indica que, en su libro, Frankl narra todo lo que sufrieron las víctimas de los campos de concentración nazi. Como psicólogo, él descubrió dentro de los tres campos de concentración a los que sobrevivió que, cuando las personas encuentran una razón para vivir, se vuelven más fuertes y más resistentes y se recuperan, pero que aquellas personas que no tiene un propósito para vivir, una inspiración o una meta importante que lograr, se debilitan de tal manera que fácilmente caen y mueren. Frankl perdió a sus padres, a sus hermanos y a su pareja y, sin embargo, descubrió que si tienes un motivo para vivir te recuperas, te fortaleces y sales adelante. Para muchas víctimas de los campos de concentración, su propósito era imaginar que iban a salir para encontrarse con sus seres queridos, para otros su propósito para vivir era ayudar a quienes estaban ahí, el de Viktor Frankl fue dar un testimonio de lo que sucedía para soportar las inclemencias de esos campos. Escribía en hojas, pero cuando los guardias las encontraban, las destruían y lo castigaban, pero él siguió escribiendo en trozos de telas que cambiaba por los pedazos de pan que le daban. Escribió todo lo que estaba viviendo en este libro tan fascinante.

Está comprobado que, cuando una persona tiene un propósito para vivir, su vida tiene sentido y que, en cambio, cuando no lo encuentra, la vida duele y quiere renunciar a ella.

Capítulo 5

TENDENCIAS EDUCATIVAS ACTUALES Y EMERGENTES

Luis Medina Gual
Coordinador del Doctorado Interinstitucional en Educación de la Universidad Iberoamericana Ciudad de México.

Luis Medina Velázquez
Coordinador de la Maestría en Educación y Coordinador del Centro Anáhuac de Investigación y Servicios Educativos.

José Luis Balderas Modesto
Subdirector de Educación a Distancia de la Escuela Judicial del Estado de México.

AULAS HÍBRIDAS

Luis Medina Gual

Cuando me plantearon que tendría que hacer clases híbridas, en el primer momento que me lo comunicaron, me dije: «es algo que no le desearía ni a mi peor enemigo» porque, en realidad, es muy complejo articular una propuesta a distancia, sincrónica y al mismo tiempo que haya estudiantes presenciales. Por lo tanto, en los foros de profesores se colgaron incluso memes donde estaba el profesor con dos pistas, una presencial y otra en línea. Se trata de un reto que en primera instancia resulta bastante provocador e interesante. Al respecto, me gustaría tratar de empezar mi intervención diferenciando la idea de la educación híbrida y la de la educación mixta, términos que a veces se usan indistintamente, pero que hacen referencia a cosas distintas.

En el caso de la modalidad mixta, ocurre que, cuando nosotros tenemos secuencias instruccionales, lo que hacemos es que algunos estudiantes son presenciales, pero son el cien por ciento, y algunos están en línea, pero es el cien por ciento en línea, de modo que vamos secuenciando entre los alumnos presenciales y los que están en línea, es decir, el profesor se concentra únicamente en dar clases de manera presencial o en línea. Los alumnos van rotando, sobre todo al inicio del regreso de la pandemia, para abarcar la cantidad de estudiantes que estuvieran presentes al mismo tempo. En contraste, la educación híbrida no consiste en rotar entre los alumnos de manera presencial y a distancia, sino más bien en articular ambos tipos de alumnos, esto es, de manera sincrónica —al mismo tiempo—, a los estudiantes que están tomando clases tanto presencial como en línea. Es interesante porque cada sistema tiene diferentes retos y consecuencias. En particular, en la modalidad híbrida debemos considerar que va a haber una parte de los estudiantes —¿qué parte?, puede ser la mitad o solamente uno— que estén tomando la clase de manera virtual, mientras que otra parte de los estudiantes están de manera presencial, esto es, hay una concurrencia en el tiempo entre los estudiantes que están en línea y los estudiantes que están de manera presencial tomando el curso.

En contraste, podríamos imaginar que en la modalidad híbrida hay tres grupos a la misma hora de las clases, pero hay un conjunto de alumnos que trabaja en línea, otro conjunto de estudiantes que trabaja de manera presencial en pares y un último grupo que trabaja de manera presencial con el docente, dicho de otro modo, se van cambiando a la manera de las estaciones y rotan. Hay tantos retos como en la educación híbrida, en particular porque este tipo de modalidad —la mixta— requiere una planeación más intensa por parte del docente, pues debe planificar de antemano la parte a distancia, la parte colaborativa y la parte presencial.

Si nosotros vemos y analizamos ya la idea del modelo híbrido, veremos que hay diferentes elementos que deberíamos considerar si quisiéramos implementarlo. Por ejemplo, debemos considerar la cuestión del internet, que es uno de los elementos más relevantes. Durante la pandemia, el ancho de banda fue incrementado por muchos estudiantes porque, en particular, los alumnos presenciales también tenían que conectarse al *Zoom,* y eso incrementaba mucho la carga de la banda de internet. Otro factor es la plataforma de videoconferencias que se va a emplear, el proyector, las bocinas, el micrófono, toda la parte de infraestructura. En realidad, es una inversión que no siempre hacen las instituciones. Hoy, muchas de las modalidades híbridas han desaparecido.

Algunos requisitos que van más allá de lo tecnológico que deberíamos considerar son la coherencia e integración de ambas modalidades —presencial y a distancia—, la capacitación técnica y pedagógica, así como la planeación del docente. Si ustedes buscan en internet, hay un librito que se llama *El ABC de la educación híbrida,* donde se recomienda que, cuando el docente tenga que planear para ese tipo de clases, en realidad no debe planear para los alumnos presenciales. Lo mejor es que el docente planee como si todos los estudiantes estuvieran en línea, pues ser estudiante a distancia es mucho más retador que ser alumno presencial, dado que estamos en nuestra casa, tenemos las papitas a la derecha, la televisión y *Netflix* a la izquierda y eso jala. Por ello, es interesante que el docente pueda planear no con base en lo presencial sino con base en la distancia.

Otro elemento a tomar en consideración es la parte de la flexibilización y del cambio de la cultura, una transformación que hemos empezado a experimentar en todas las universidades, desde mi experiencia en la IBERO, donde coordino un doctorado, hay una tendencia que se ha empezado a arraigar, me refiero a que muchos estudiantes me dicen: «Oye, yo durante la pandemia resulta que me fui a vivir a Colombia» y que, en la medida en que son estudiantes becados por el CONACYT, tienen que regresar a México porque si no les quitan la beca. Pero otros no necesariamente están en la Ciudad de México, sino que son estudiantes que están realizando un doctorado de tres años y medio o cuatro, que ya van muy avanzados y que, debido a las medidas adoptadas durante la pandemia, no pudieron regresar a la ciudad. En esos casos, la pregunta que surge es: ¿les vamos a impedir seguir? Dado que el modelo educativo tiene que ser presencial, nos planteamos si vamos a impedir que continúen el curso. Por suerte, nuestro REVOE es mixto, y no hay mayor problema en cuanto a los aspectos legales, pero al final hemos decidido que a los estudiantes que estuvieron en estos casos se les ofertara híbrido, es decir, de manera sincrónica la mayoría estamos en el salón de clases y algunos cuantos de manera remota.

Ahora bien, como ya he comentado, una las recomendaciones centrales para un docente que planea impartir una educación híbrida es que es mejor que lo haga para los estudiantes a distancia, porque generalmente a ellos les cuesta más trabajo mantener el ritmo, dado que es mucho más natural seguir las clases de manera presencial. Otra cuestión importante es no olvidar a los estudiantes remotos. Sucede que tenemos estudiantes a distancia que nos ven, uno se clava con las miradas, gestos y ademanes de los presentes y olvidamos a los remotos. Lo que yo hacía era ponerme una liguita y, de vez en vez, me tiraba de ella para acordarme de preguntar a los que estaban en lo remoto. Naturalmente, somos seres presenciales, y por ello nos jalaba más hablar con los estudiantes de manera presencial. Otra recomendación, quizás la más difícil es que, si la tecnología no funciona, debes tener un plan B, el C o el que se te ocurra. En estas sesiones híbridas, un reto que en muchas ocasiones enfrentamos como docentes es hacer procesos de adaptación *in situ*, esto es, si no funcionó, plantearnos qué vamos a hacer y si tenemos la capacidad de hacer modificaciones. Otra recomendación atañe a la cantidad y calidad de retroalimentación y diálogo, que deben aumentar. No solamente por la cuestión híbrida, sino también a la distancia, en una investigación que realizamos a nivel nacional encontramos que el factor que más se relacionó con el aprendizaje de los estudiantes y con la evitación del abandono escolar era la cercanía de los docentes y la retroalimentación continua que los estudiantes recibían de ellos. Este elemento es, entonces, nodal, sobre todo cuando nos encontramos en una situación en la que tenemos la mitad del grupo a distancia y la otra mitad presencial. Asimismo, otro buen consejo es pedir a todos los presenciales que estén conectados para que puedan interactuar con los estudiantes a distancia. Si integras a los alumnos de ambas modalidades, haces trabajar a Pedro —que está de manera presencial— con Rocío —que está a distancia—, y eso ayuda muchísimo para lograr la integración dentro del salón de clases y para impedir que se sientan desconectados y que eventualmente expresen una queja relativa a esa diferencia: «ah, yo soy de híbrido, yo soy de los de distancia, yo soy presencial». Finalmente, cuando la didáctica es más activa, cuando el centro es el estudiante, es más fácil incluirlo si todo se realiza de manera unidireccional. Lo que sucede es que, generalmente, los estudiantes a la distancia desaparecen, en otras palabras, de repente le haces una pregunta a Rodrigo —alumno a distancia— y no te contesta y eso te hace pensar que Rodrigo no estaba en la clase. Por lo tanto, tratar en este tipo de ambientes la participación sea mucho más activa, ayuda muchísimo.

Ahora bien, hay tres instrumentos que contribuyen decisivamente al diseño de clases híbridas. El primero es el *aprendizaje invertido —flipped learning—*, el segundo es el *diseño universal para el aprendizaje —universal design for learning—* y el tercero el *aprendizaje para el diseño —understanding by design—*. No voy a profundizar en cada uno de ellos y me limitaré a enunciar algunas nociones generales. Empezando por el aprendizaje para el diseño, básicamente el planteamiento es que a los profesores se les enseña a planear, a ejecutar y luego a evaluar las clases. La idea es tratar de cambiar esa secuencia y empezar más bien definiendo cómo se va evaluar a los estudiantes y, a partir de esa definición, anclar todas las secuencias instruccionales para al final dar la clase. Por su parte, el diseño universal para el aprendizaje se articula en una serie de prescripciones que nos ayudan a tratar de atender a una mayor cantidad de estudiantes. No se trata de individualizar el aprendizaje, sino de brindar alternativas que puedan llegar a todos los estudiantes. Para ello podemos instrumentar muchos tipos de estrategias. Si, por ejemplo, hacemos cine foros y las películas elegidas no les gustan a todos, entonces simplemente no les van a llegar. En ese caso necesito un elemento denominado variabilidad de las estrategias, dado que cuantas más estrategias utilizas, a más estudiantes les llegas. El tercer instrumento, que considero muy poderoso —sobre todo en las clases híbridas— es la clase invertida. Básicamente, la idea es que lo que hacía típicamente el estudiante en el salón de clases, esto es, escuchar al maestro, debe dejarse de tarea y lo que se deja —que, generalmente, son las actividades— debería hacerse de manera sincrónica. Entonces, si nosotros, por ejemplo, en el aula híbrida podríamos hacer que, en la parte activa, los estudiantes analicen un caso o una lectura, eso es lo que debería realizarse en esos ambientes sincrónicos y, por otro lado, cuando el profesor se la pasa hablando, lo podemos dejar a la distancia y más bien dejar el momento sincrónico para analizar elementos de mayor complejidad y riqueza que los que examinábamos solo hablando.

Finalmente, algunas sugerencias, como les decía, cuando impartimos la clase debemos tratar de corroborar que todo funcione. Para eso, por dar un ejemplo, hay quien llega treinta minutos antes, revisa el salón, los materiales y verifica que no falte nada. La segunda recomendación es involucrar a los estudiantes, sobre todo a los virtuales, quienes tienen que estar presentes. Hay que escuchar sus voces, se pueden intercalar las participaciones de un alumno a distancia y de uno presencial, dicho en otras palabras, tratar de que siempre ambos estén involucrados. Si es posible, y si no hay cuestiones de confidencialidad y manejo de imagen y demás, conviene solicitar a los virtuales que prendan la cámara. En la realidad, yo lo dejo a su elección por cuestiones de privacidad, aunque si ello es posible te ayuda a ti, como docente, a sentir que no solo hablas con cuadritos vacíos. Para trabajar en equipo, es preciso intentar incluir a los estudiantes a distancia, integrarlos, darles momentos y espacios de control para verificar que todos están aprendiendo. Por ejemplo, terminamos algo y todos hacemos un *Kahoot* en el que tienen que participar y así involucrar a cada uno. También es pertinente tomar en cuenta las ideas de los estudiantes y de la coordinación, dedicar un momento para preguntar cómo están, cómo van y si alguien está perdido. Hay que evitar «dar la clase» pensando en los presenciales y descuidando a los virtuales, procurar que las clases sean expositivas y no dinámicas, un punto que es complicado. Asimismo, no debes desesperarte, se debe tener paciencia, pues a veces hay una diferencia en los ritmos de aprendizaje. No debemos ignorar que los estudiantes virtuales pueden tener problemas de conectividad y de audio. Por ello, es conveniente dejar de pedir opinión y participación a los virtuales y solicitar acciones que, por la modalidad, no se pueden realizarse. No podemos hacer trabajo manual cuando la docencia es a distancia.

En términos generales, en la parte de evaluación una alternativa que podemos adoptar es ser flexibles en los productos. Si voy a pedir que un alumno entregue el análisis de un caso, puede entregarlo a través de diferentes formatos y no mediante uno solo. Puede hacerlo mediante un ensayo, un video y otros medios. Si nosotros hacemos una buena rúbrica, no estará atada a un solo formato, sino a los criterios de evaluación que estamos utilizando.

HERRAMIENTAS TECNOLÓGICAS

Luis Medina Velázquez

Los estudios científicos sobre la prehistoria comenzaron a realizarse hace relativamente poco tiempo. A partir del siglo XX, gracias a los hallazgos de la arqueología, fueron desentrañándose diversos misterios e interrogantes acerca de los orígenes de la humanidad.

Como resultado de dichos trabajos, hoy sabemos que, desde que el ser humano apareció en la faz de la tierra, se vio en la necesidad de fabricar o de construir herramientas. A veces nos cuesta comprender que, detrás de una simple roca, un pedernal, la rama de un árbol o de un hueso se esconden las claves para descifrar cómo era la vida de nuestros antepasados más lejanos.

En varios estudios es posible reconocer que el hombre primitivo se dio a la tarea de fabricar y utilizar diversas herramientas, entre ellas lanzas, arcos, flechas, cuchillos, vasijas, cestas, poleas, palancas o la rueda. El propósito de estas actividades era hacer que su vida fuera más llevadera y modificar su entorno para procurar su propio bienestar: construir una vivienda donde guarecerse, cazar animales o recolectar frutos y semillas, confeccionarse un atuendo para vestir, defender su territorio y a su tribu, etcétera.

Appius Claudius Caecus (340 a. C – 279 a. C), un famoso político y militar de la antigua Roma, utilizó la frase «*Homo faber*: el hombre que hace o fabrica» en su obra *Sententiae* para referirse a la inteligencia de los seres humanos para controlar su destino, pero también para reconocer la capacidad que tenemos de crear objetos artificiales que transformen el entorno en el que vivimos y nos desenvolvemos.

A partir de entonces, los seres humanos hemos fabricado artefactos que nos han acompañado a lo largo de los siglos para favorecer nuestro desarrollo como sociedad humana.

Estas herramientas, en un principio rudimentarias, han evolucionado junto con nosotros. Gracias al avance y aplicación del conocimiento científico a la solución de problemas prácticos, podemos construir artefactos a los que llamamos «tecnologías» para mantenernos informados de manera instantánea acerca de lo que sucede al otro lado del mundo, pero también para comunicarnos con los demás, desplazarnos, trabajar y aprender a distancia, entre muchas otras tareas.

Les aseguro que la gran mayoría de nosotros despertamos por la mañana con la alarma de nuestro teléfono inteligente; tomamos un baño con tan solo girar la llave de nuestra ducha; acompañamos nuestro desayuno con una taza caliente de café mientras preparamos algún alimento en el horno de microondas y nuestra movilidad depende del vehículo en que nos transportamos al trabajo.

Por todo ello, podemos afirmar que en la actualidad la tecnología se ha vuelto «invisible ante nuestros ojos». Es decir, resulta ya tan cotidiana que difícilmente nos causa sorpresa o asombro. Las herramientas están ahí, acompañándonos y ya no las vemos. No obstante, no podemos dejar de utilizarlas, porque «se nos venden como progreso técnico», y hacia donde estas vayan, habremos de seguirlas. Consecuentemente, resulta indispensable alfabetizarnos tecnológicamente para aprovecharlas.

Sabemos que a lo largo de la historia ha habido cuatro grandes revoluciones industriales. La primera, en el siglo XVIII, con la invención en Inglaterra de la máquina de vapor. La segunda, a finales del siglo XIX y principios del XX, con el desarrollo de la industria eléctrica y la invención de la bombilla. La tercera, que surgió en los años sesenta gracias al desarrollo de la informática y la automatización de los procesos. Y actualmente, en pleno siglo XXI, estamos siendo testigos de la cuarta revolución industrial: una época caracterizada por el desarrollo de la inteligencia artificial, los robots, los algoritmos, el aprendizaje en la nube, el denominado internet de las cosas, etcétera.

El mundo en el que nos ha tocado vivir es un mundo caracterizado por su complejidad, por su ambigüedad, por su incertidumbre, por su rapidez y estas características nos incitan a pensar cómo va a ser la sociedad del futuro y cuál va a ser el futuro de la sociedad. Para poder responder estas interrogantes lo mejor que se me ocurre es esta frase —de Alan Kay—: «La mejor forma de predecir el futuro es construirlo».

¿Estamos preparados para los cambios que vienen? Volteemos a ver cómo se han modificado las cosas: Día a día somos testigos de lo que se ha denominado la *uberización* de la economía, palabra tomada de la plataforma *Uber*. Este proceso ha generado un cambio en la mentalidad de las personas. Antes uno tenía que buscar el taxi, hoy es mucho más cómodo solicitar el taxi y que este llegue a nosotros con la aplicación.

El uso y aprovechamiento de las plataformas tecnológicas ha generado un nuevo modelo de negocios que ha resultado muy exitoso desde el punto de vista de la comercialización. Casos como los de *Amazon, Netflix, Apple* y *Airbnb* constituyen una muestra de la digitalización de muchas actividades que antes eran analógicas.

El trabajo bajo demanda y la digitalización han reducido los costos de producción y de entrega, promoviendo el trabajo *freelance*, la personalización de los servicios; asimismo, han incrementado el problema de la pauperización del trabajo, la obsolescencia de los derechos del trabajador y la autoexplotación laboral, estos últimos, de interés para los abogados.

La razón de estas tendencias es muy clara: la persona que tiene un auto propio o concesionado para trabajarlo con la plataforma *Uber* y que está manejándolo es, en principio, su propio jefe. Esto significa que cuanto más tiempo trabaje, más va a ganar, pero al mismo tiempo va a hacer más rico al dueño de la plataforma, a costa incluso de sus propias prestaciones laborales. Bajo esta modalidad de trabajo, no hay periodos vacacionales y el tipo de prestaciones son muy limitadas —y diferentes a las de un trabajo ordinario—, entre muchas otras desventajas.

¿Para qué tenemos que educar hoy a las nuevas generaciones? El día de mañana los jóvenes ocuparán los nuevos empleos que están surgiendo en el mercado laboral del estado, el país y el mundo. De ahí que deben estar preparados para desempeñarse eficientemente en trabajos que aún no existen y para puestos que aún no tienen nombre. Hace un par de días supimos que Elon Musk compró *Twitter*. Posteriormente, despidió a toda la plantilla aquí en México. Este simple ejemplo pone en evidencia que la tecnología crea y destruye trabajos. El reto que enfrentamos es plantearnos qué es la educación y qué tipo de educación tenemos que recibir con el fin de estar preparados para el futuro.

La educación es un proceso exclusivamente humano y humanizante que trata de lograr el perfeccionamiento de la persona para hacerla crecer de manera armónica y así desarrolle todos sus talentos con el propósito de alcanzar sus metas, lograr la plenitud y realizarse como ser humano. Pero a su vez, la educación también tiene como objetivo que pongamos todos nuestros talentos al servicio de la sociedad para contribuir al bienestar general.

Esa es la educación que tenemos que buscar. Por ello, las herramientas que hoy están a nuestra alcance, sean las que sean, deben enseñar a los estudiantes a pensar, a comprender, a analizar, a evaluar y a resolver problemas de manera creativa a través del desarrollo del pensamiento crítico, la ética y el compromiso social.

Quisiera recomendarles que busquen en internet lo que se ha denominado «la rueda de la pedagogía». Se trata de un organizador gráfico en el que se presentan y recomiendan diferentes tipos de herramientas y aplicaciones que se pueden utilizar en los procesos de enseñanza y aprendizaje. Esta rueda está alineada a cada una de las capacidades intelectuales que deberíamos desarrollar. La idea es que todas estas herramientas puedan enseñar a nuestros jóvenes a pensar, investigar, colaborar, comunicarse y aprender.

Les comentaré tres tendencias emergentes de los últimos años. La primera es el surgimiento de los robots, que se utilizan, por ejemplo, en el entrenamiento de los médicos. Las características permiten imitar la estructura y funcionamiento del cuerpo humano. Por poner un ejemplo, con estos robots se puede simular un parto, el cuidado de un recién nacido, las intervenciones quirúrgicas y las heridas por traumatismos, entre muchas otras eventualidades médicas. En el pasado, los médicos trabajaban con perros para realizar a cabo disecciones y cirugías, pero por razones legales han sido sustituidos por estos robots.

Una segunda tendencia son los mundos virtuales, también llamados *metaversos*. Son lugares ubicados en una realidad paralela donde las personas viven como avatares. Los metaversos nos ofrecen la oportunidad de convivir e interactuar con otras personas, trabajar y aprender. Se trata de un espacio sintético o alternativo de internet en el que estaremos presentes y activos sin limitarnos a observar.

Un ejemplo de realidad paralela es lo que está haciendo Facebook o el *software Second Life,* en el que uno crea su propio avatar para representarse a sí mismo. En ese universo digital el avatar puede caminar y desplazarse, tomar clases a distancia tras ingresar en una universidad, o incluso conocer gente en un café que también está conectada en el metaverso y ha creado su propio avatar.

Imagínense que en una clase de psicología tengo que entender, por ejemplo, lo que es un trastorno psicótico. A tal efecto, puedo entrar en una habitación virtual en la que escucho voces y experimento lo que sentiría una persona con esquizofrenia. También puedo asistir o dar una clase de arte o de historia del arte y caminar dentro de un cuadro de Van Gogh después de haber entrado en él. Quizá estoy dando una clase de ingeniería en sistemas y puedo entrar dentro de los circuitos de una computadora y caminar por ellos, o puedo tomar una clase de biología y entrar en cada uno de los ventrículos del corazón para recorrerlos. Como puede verse, las posibilidades educativas de estas aplicaciones son enormes.

La última herramienta a la que me referiré son los *escape rooms educativos*. Se trata de un espacio físico o virtual, que contiene varias «salas o cuartos de escape». En ese espacio, un grupo de personas debe estar durante un tiempo determinado hasta resolver un enigma o problema a través de un conjunto de pistas. De esta manera, se activan una serie de mecanismos cognitivos que potencian las capacidades de los jugadores. Es una especie de juego que tiene una historia o narrativa vinculada al modo de contextualizar la sala de escape.

El objetivo de este juego de aventuras es salir de las salas. Para ello, los jugadores deberán utilizar todas sus capacidades intelectuales, creativas y de razonamiento deductivo. Se puede incorporar a la educación como una estrategia que, además de generar interés y motivación en los estudiantes, contribuya a desarrollar sus habilidades cooperativas, cognitivas, deductivas y de razonamiento lógico. La innovación del *escape room* implica, además, una retroalimentación final con los alumnos, tanto de su experiencia emocional como de sus aprendizajes, así como de las incógnitas que quedaron sin despejar o los acertijos que no pudieron ser solucionados.

Quisiera concluir mi intervención con esta frase de Alvin Toffler: «Los analfabetos del siglo XXI no serán aquellos que no saben leer y escribir, sino aquellos que no puedan aprender, desaprender y reaprender».

PLATAFORMAS EDUCATIVAS

José Luis Balderas Modesto

Para satisfacer este nuevo tipo de necesidades de formación vamos a apoyarnos de las plataformas educativas. ¿A qué nos referimos con la expresión «plataformas educativas»? Antes de avanzar, comento que estructuré el análisis en tres etapas. La primera hace referencia al conocimiento del concepto, pues a veces nos han hecho creer que determinada herramienta podría subsumirse en este marco conceptual y no es así, por tanto, lo primero que tenemos que analizar es cómo podemos identificarlas. En un segundo momento vamos a examinar la plataforma educativa de la Escuela Judicial del Estado de México. Se trata de un caso real que hemos trabajado, lo que nos permite compartir la experiencia y los beneficios de su utilización. Por último, abordaremos las tendencias y características de las nuevas herramientas.

Comencemos por el primer punto, ¿cómo saber qué herramienta encajaremos en el concepto de plataformas educativas? A tal fin, recurriremos a dos criterios. Hay que señalar que no son los únicos que existen, pero para este ejercicio son suficientes. El primer criterio es que, por *definición*, las plataformas educativas ya indican la finalidad para la que fueron creadas. El segundo es el criterio *del uso*: muchas herramientas son utilizadas en este contexto emergente para atender algunos puntos del proceso de enseñanza y aprendizaje, esto es lo que las identifica como plataformas educativas.

Pero, ¿cuáles son las plataformas que, por definición, fueron diseñadas para fortalecer este ejercicio de enseñanza-aprendizaje? Por un lado, los *Content Management System* (CMS) y, por otro, los *Learnign Management System* (LMS). El primero es un sistema de administración de contenidos, y estoy seguro que a estas alturas prácticamente todos hemos experimentado y trabajado con alguna herramienta de este tipo. Por su parte, los LMS son un desarrollo evolutivo de los CMS. La diferencia radica en que uno se enfoca en el diseño de contenidos, mientras que el otro se enfoca en administrar los entornos virtuales de aprendizaje. Ambos están estrechamente relacionados porque, generalmente, en los CMS vamos a diseñar estos recursos educativos, que posteriormente importaremos a nuestros LMS. Prácticamente, el LMS es el sinónimo de una plataforma educativa. Cuando ambos instrumentos se unen quedan conformados los LCMS, que combinan las características y fortalezas de los dos sistemas. Su principal característica es que a través de los LCMS vamos a poder construir nuestros recursos educativos desde la misma plataforma educativa. En la Escuela Judicial disponemos de la plataforma *Moodle*, que es un ejemplo LMS, al igual que *Sakai, Blackboard o Chamilo,* que son de las más conocidas.

Ahora sí, podemos formular con precisión la definición de una plataforma educativa. Retomemos, para ello, la traducción de lo que es el LMS a fin de definir qué es un sistema de gestión de aprendizaje. Cuando hablamos de un sistema, nos referimos a un sistema informático cuya función principal es gestionar y administrar estos entornos virtuales de aprendizaje. Aquí se introduce un concepto nuevo, el de las aulas virtuales o entornos virtuales de aprendizaje. ¿Qué vamos a gestionar en ellas? Los eventos que conforman el *e-learning* y que se llevan a cabo enteramente (es decir, el 100 %) a través de medios electrónicos, el *b-learning* que hace referencia a las sesiones mixtas —las sesiones presenciales se complementan con alguna actividad de nuestra plataforma— y el *m-learning*, vinculado a través de dispositivos móviles. No podemos hablar de un proceso de enseñanza-aprendizaje si no mencionamos a los actores principales, estos son a los alumnos y los profesores. Ambos plantean una cantidad importante de retos que deben ser atendidos a través de estas plataformas educativas.

Señalaré —porque luego volveré sobre ello— que estas plataformas fueron diseñadas únicamente para asistir el proceso de enseñanza-aprendizaje.

Teams, por ejemplo, fue una de las herramientas que detonó en este contexto de la pandemia y su uso se incrementó notablemente en comparación con otras. Por ello la menciono en este ejemplo: si nosotros buscamos la definición que corresponde a *Teams*, en ninguna de estas definiciones encontraremos que hace referencia una plataforma educativa. La definición que proporciona *Microsoft* de esta herramienta indica que es una plataforma colaborativa para asistir el trabajo híbrido, pero estoy seguro de que algunas instituciones se refieren al *Teams* como su plataforma educativa. Entonces, recurriendo al segundo criterio que les he comentado, *Teams* se suma al conjunto de herramientas que, precisamente, son consideradas como plataformas educativas por su uso. Existe una definición genérica que nos dice que cualquier sistema informático o herramienta que apoye al proceso de enseñanza-aprendizaje puede ser considerada una plataforma educativa; esto es justamente lo que sucedió con *Teams* —que fue utilizada para asistir a este proceso—, de modo que, en virtud este segundo criterio, el del *uso*, podría considerar una plataforma educativa, aunque por definición no lo sea.

Respecto de las ventajas y características de estas plataformas, puedo decirles, de manera muy general, que contribuyen a generar una cantidad importante de datos y estadísticas de nuestro proceso de enseñanza-aprendizaje. Esta dinámica nos permitirá llegar a una etapa de mejora continua, nos ayudará a extraer datos del proceso de enseñanza-aprendizaje, a analizarlos con la intención de medirnos y a mejorar tanto el proceso de enseñanza de los docentes como el proceso de aprendizaje de los alumnos.

A lo largo de mi carrera laboral he comprobado que frecuentemente se confunden las plataformas educativas con sistemas de control escolar. Pero una cuestión es la parte administrativa y otra —como he señalado al principio— los LMS, que han sido creados para asistir el proceso de enseñanza-aprendizaje. Algunos elementos de ambos sistemas pueden coincidir, pero la naturaleza y la función de los LMS no es la llevanza de la administración escolar. En este caso, podemos tomar como ejemplo algunas cuestiones como las becas, la parte de las boletas que sí entraría en lo que es un sistema de control escolar y que en este tipo de plataformas no se consideran de inicio.

Vayamos ahora con la etapa dos. Antes de mencionar algunos datos estadísticos importantes que se han generado a través de la plataforma Escuela Judicial comenzaremos respondiendo el siguiente cuestionamiento ¿Por qué Mooodle?

La respuesta más inmediata remite al costo-beneficio, después ya podemos hablar de las que de manera implícita se encuentran en la herramienta, entre las características más importantes destaca que es la más utilizada a nivel mundial, que es de código abierto, que puede modificarse haciendo «un traje a la medida» para nuestra institución, que puede integrarse con otras herramientas dada su escalabilidad, flexibilidad y que resulta muy intuitiva. Hasta hoy, *Moodle* está presente en doscientos cuarenta y cuatro países y tiene trescientos veinticuatro millones usuarios. Sobre las matriculaciones manejadas en nuestra plataforma educativa, comentaré que a la fecha son dieciocho millones usuarios, de los cuales el 80 % corresponde a internos y el 20 % a externos, ya que hemos mantenido colaboraciones con otras instituciones. Otra parte importante son los exámenes de selección remotos: tenemos la posibilidad de aplicarlos con la integración de un *software* que ayuda a identificar que el usuario sea quien debe ser y grabando el proceso de evaluación de inicio a fin. Otro dato interesante es la cantidad de entornos virtuales que soporta nuestra plataforma, pues comenzamos con una demanda mucho menor a la que ya tenemos ahora. Estas cifras no son sumativas, sino que corresponden a cada año al que hace referencia: 2019, con más de treinta aulas, 2020, con más de sesenta entornos virtuales, 2021, con más de noventa y por último, 2022, con más de ciento veinte aulas virtuales. ¿Qué otro tipo de información nos suministra? Podemos saber en tiempo real dónde están conectados nuestros usuarios, hemos tenido algunas conexiones desde Francia, Nueva Zelanda, y otros países. Este tipo de información es la que nos genera un LMS, a diferencia de los CMS. Podemos incluso ver desde qué ciudades se están conectando los usuarios, información que puede servirnos para tomar decisiones. Asimismo, nos informa del tipo de dispositivos que usan nuestros usuarios para conectarse —computadora de escritorio, teléfono celular o tableta—, así como el sistema operativo que utilizan —*Windows, Android, iOS, Macintosh, Linux*—, una información muy útil ya que, por ejemplo, ya que podemos enfocar el diseño de contenidos para el o los dispositivos más utilizados por nuestros usuarios.

Para cerrar, abordaré la siguiente cuestión: ¿qué viene en el futuro? Prácticamente la pregunta puede responderse señalando que los retos son muy grandes. El de las plataformas educativas consiste en atender y solventar las necesidades que han surgido hasta el día de hoy, tanto en el caso de los alumnos como en el de los docentes. Algunas tendencias emergentes y que tienen relación con lo expuesto hasta aquí son:

- Un mundo híbrido: se trata de una tendencia que se ha vuelto ya una necesidad imperante.
- La gran migración: tenemos una gran cantidad de información en las instituciones que fueron diseñadas para la educación presencial. Precisamente, la tendencia es pasar esos materiales de lo presencial a lo digital.

- La creación de experiencias de aprendizajes es otra de las tendencias que han cobrado especial vigor, dado que tienen que ver con la motivación y la vinculación del estudiante. Ya no se trata únicamente de proporcionarles información o recursos, sino también de estimular las emociones —gamificación— ofreciendo a nuestros usuarios una experiencia que, hasta cierto punto, simule un juego o videojuego en el que vayan superando algunos niveles.
- *Microlearning* —píldoras de aprendizaje—; generalmente, son videos muy breves con información.

Por último, a manera de conclusión comentare que estos retos no son nuevos, por ejemplo, Vinton Cerf, considerado uno de los padres de internet. Hace veinte años ya nos hablaba de algunas posibilidades que ahora ya están presentes y son habituales en los procesos de enseñanza. Asimismo, Peter Drucker, un gurú de la administración, observó hace dos décadas «que la principal educación y capacitación del futuro será *online*», y tenía razón. Estamos en la edad de piedra de la auténtica transformación revolucionaria de la educación. El verdadero reto de las plataformas educativas es atender y satisfacer las necesidades actuales de este nuevo proceso de enseñanza y aprendizaje.

Capítulo 6

LAS HABILIDADES SOCIOEMOCIONALES DE LA FORMACIÓN DE LOS COLABORADORES JUDICIALES

Berenice Olivo de López*

Iniciaré mi intervención relatando una anécdota de mi infancia. Iba a ingresar a sexto año de primaria y estaba forrando algunos libros cuando cayó en mis manos *Historia Universal*, del profesor González Blackaller —todavía recuerdo muy bien su nombre—. Cuando empecé a leerlo, su primera página me conmovió y dejó sorprendida, pues el libro narraba que había un gigante en este mundo que era capaz de recorrer grandes distancias y kilómetros en muy pocos minutos, podía sumergirse en lo más profundo del mar y subir lo más alto de la estratósfera, escuchar los sonidos más diminutos, así como ver los objetos más pequeños y los más grandes. Cuando leí todo lo que decía, me quedé pasmada y me dije: «*Superman* no existe, ¿no?». Como era una niña, en ese momento mi mente trató de ubicar si el libro hablaba de *Superman* o de algún otro ente, si era fantasía, si me habían mentido o si realmente existía. En seguida mi cerebro proceso la información y cambió al estado analógico para entender que era un relato simbólico, que el autor hablaba en términos metafóricos y, de pronto, para mí fue una sorpresa y una fantasía maravillosa pensar: «¡*Wow*!, Esto es fantástico, porque yo formo parte de esta especie, el gigante del que están hablando es el ser humano».

«Este gigante, es el ser humano —así terminaba la primera página del libro *Historia Universal*— que piensa, que crea, que se comunica, que es un ser que descubre, que explora, que siente, que hace tantas cosas y por supuesto, también ejerce justicia».

---

* Maestra en Terapia Familiar por el Instituto de Terapia Familiar Vivencial, afiliado a la *World Federation of Mental Health*. Egresada de la Facultad de Psicología de la Universidad Nacional Autónoma de México. Diploma en Educación por la Universidad Hebrea de Jerusalén.

Este ser humano de la primera página me conectó con la parte más luminosa de la persona, esa parte brillante, tan interesante, creativa, humanista y sensible. Posteriormente, a lo largo del curso de Historia Universal, leí las otras páginas y descubrí que la historia no es color de rosa y que había también luchas de poder, trampas, corruptela, ambiciones, situaciones que llevaban a la destrucción, a la debacle, al homicidio, y son precisamente las cosas que ustedes tienen que enfrentar constantemente, fue entonces, en ese acusado contraste entre la luz y la sombra, que me di cuenta de la importancia del papel que ustedes desempeñan.

Si reflexionamos sobre el modo en que el cerebro del ser humano ha permitido a nuestra especie dominar el planeta Tierra, inmediatamente pensamos que, en gran medida, ello es debido a que los seres humanos hemos tenido la capacidad de pensar, de poder establecer un lenguaje y una narrativa común que nos ha ayudado a todos, una narrativa incluso legal que nos ha permitido entender el mismo idioma y a establecer que las leyes se expidan para ser cumplidas y ser obedecidas, así como que las instituciones se crean para ser defendidas y respetadas. Entonces, todo este lenguaje común es lo que ha ido fortaleciendo al ser humano para no caer en el lado oscuro y mantener en el lado luminoso de la vida, que no solamente tiene que ver con la preparación y la experiencia, sino también con las habilidades emocionales.

En este apartado vamos a trabajar sobre el tema, y comenzaremos respondiendo a la cuestión; *¿qué son estás habilidades socioemocionales?* Ustedes recordaran que hay un concepto muy general sobre las inteligencias múltiples, concepto que habla sobre cómo los seres humanos no solamente somos seres racionales y lógicos, y que la inteligencia tiene que medirse en función de nuestra capacidad de poder desarrollar una serie de estrategias y resolver problemas matemáticos o de tener buena memoria. El concepto de las inteligencias múltiples nos dice que hay muchas maneras de ser inteligentes y que, dentro de ellas, hay dos particularmente importantes; la *inteligencia intrapersonal*, que consiste en ser capaz de practicar la introspección para entenderme a mí mismo, y la *inteligencia interpersonal*, que hace referencia a mi relación con los demás. La unión o la combinación de ambos tipos de inteligencia conforma la *inteligencia emocional*.

Las habilidades vienen a ser —por así decirlo— la traducción de las dos dimensiones de la inteligencia emocional en actitudes y comportamientos, y han sido definidas en estos términos: «Son las actitudes y comportamientos que nos permiten establecer sanas relaciones con los demás y al mismo tiempo gestionar nuestras emociones». Se trata, pues, de comprender, conocer y manejar nuestras emociones de tal manera que no solamente nos ayuden para asegurar la supervivencia de la especie —porque que para eso también están las emociones—, sino también para que nos permitan acceder a una mejor calidad de vida, hacer las cosas mejor y vivir en un ambiente de mayor bienestar y plenitud. Estas habilidades emocionales favorecen la gestión emocional de la persona, incrementan su automotivación y contribuyen al establecimiento de buenas relaciones con los demás. Hay muchos modelos para clasificarlas, dado que en la literatura se habla de estas habilidades de muchas formas. Yo elegí esta manera de categorizar las emociones y su manejo porque considero que puede ser más abarcativa para el Poder Judicial:

Veremos que estas habilidades nos hablan de una conciencia emocional, que consiste en darme cuenta, sensibilizarme respecto a qué siento, por qué lo siento, qué es lo que motiva este sentimiento o emoción en mí. Otro elemento es la regulación, que remite al aprendizaje de su gestión, a saber —como decía Aristóteles— en qué momento debo mostrarme enojado, con qué intensidad y hacia quién dirijo mi enojo, no enojarme a lo tonto, sino de una forma inteligente.

También es importante la autonomía emocional, es decir, la capacidad de ser dueño de mis emociones, de controlarlas y de alcanzar esa situación de no apego a las cosas que me hace ser independiente a ese apego, esa dependencia que en ocasiones, en nuestras relaciones personales o laborales, puede ser nociva o tóxica. De igual forma, entre las habilidades sociales se encuentran aquellas que se refieren a mi relación con los demás y a la actitud que adopto frente a los otros. Cabe, finalmente, hablar de estas habilidades para la vida en la que se ve al ser humano de una manera integral y se habla de sus proyectos, sus anhelos y hacia dónde orienta todo este bienestar, así como de cuáles son sus objetivos.

Ahora bien, es importante plantear *¿cuáles son los propósitos de este encuentro?* Entiendo que son dos. El primero es sensibilizar a la audiencia —ustedes— respecto a la importancia del desarrollo de esas habilidades en términos profesionales para ser más competentes, como adultos en el manejo de nuestras relaciones con los demás y con nosotros mismos. El segundo objetivo es aprovechar este tiempo para poner en práctica estas habilidades: la idea no solo es escuchar, tomar notas o retomar conceptos teóricos, sino sobre todo participar en la experiencia.

Si ustedes quieren comenzar a regular sus emociones, a entenderlas, a adquirir mayor destreza en esta habilidad emocional y su gestión, es importante que identifiquemos qué es lo que causa nuestras emociones. Si yo quiero intervenir en mis emociones, tengo que trabajar en alguno de estos aspectos para poder modificarlos:

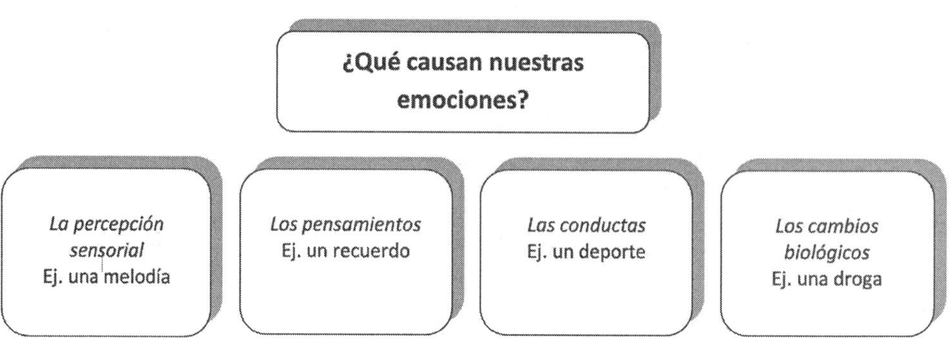

Un primer aspecto es la percepción sensorial. Nosotros captamos el mundo a través de nuestros sentidos, que nos van suministrando información que almacenamos en nuestro cerebro, el órgano maestro de nuestras emociones, de nuestras decisiones, de la planeación de nuestra vida. Esa información que llevamos dentro —ya sean cosas que hemos visto, olfateado o tocado— se transforma en narrativas, es decir, en los pensamientos. Pero si yo quiero incidir en mis emociones porque, de pronto, me siento triste, abrumado o enojado con algo, puedo hacerlo a través de la percepción sensorial, utilizando, por ejemplo, la música, que puede ser agradable y reconfortante, que puede animar. Y no solo la música, también puedo recurrir a la comida, por ejemplo, el picante; las neurociencias han descubierto que consumirlo nos alegra y nos anima. Por ello, si tengo que negociar con alguien, será muy conveniente comer unos chilaquiles picosos o un mole cargado de picante porque nos va a reanimar e infundir energía. Esto es interesante porque, a nivel sensorial, incluso en publicidad o en *marketing* se utilizan olores de tortillas u olor a pan, dado que despierta en nosotros una sensación de bienestar que genera cambios en nuestro cerebro.

Es importante disponer de esta información, en ocasiones nos preguntamos: «¿Cómo hago para salir de este sentimiento, de este enfado o rencor?», pues revisa bien el recuadro, hay muchas opciones para llegar a tu cerebro y modificar ese estado emocional.

Hay también otro elemento que son los pensamientos. Si tengo pensamientos catastróficos, furibundos, enojosos o enfadosos, inevitablemente estos pensamientos van a generar una serie de cambios a nivel fisiológico que me van a deprimir y a generar cortisol y adrenalina cuando muchas veces es innecesario que yo tenga que estar detonando este eje del estrés. Por supuesto, el estrés me sirve para defenderme de una amenaza real, pero muchas veces no hay tal amenaza, no está pasando nada terrible en mi vida más que lo que está ocurriendo dentro de mi cabeza. Por tanto, en estas situaciones será importante que seamos capaces de modificar esos pensamientos.

Ejercicio 1

Te pido que en tu lugar sientas tu respiración por unos momentos. Ahora, con el poder de tu mente, imagina que tienes frente a ti un plato con rebanadas de jícama, de mango, de piña, que se ven frescas y deliciosas. A un lado de ese plato con fruta hay una canastita con limones con cascarita muy verde y brillante, que se ven jugosos y maduros, tomas uno y lo partes por la mitad y lo exprimes en la fruta que hayas elegido, e incluso le pones sal o algún picante —con cuidado, porque podrías salpicar tu ropa—. Por último, tomas una fruta y te la llevas a la boca, la muerdes y la saboreas.

¿Salivaste? Este ejercicio nos sirve para tener presente cómo lo que pienso, lo que voy imaginado y lo que introduzco en mi cabeza va generando cambios fisiológicos. Así como este momento me provocó salivación, de igual manera lo que pienso se va a traducir en cambios. Por eso es tan importante que aprendamos a controlar ese pensamiento.

¿Cómo controlo mis pensamientos?

Ejercicio 2

Coloca la palma de tu mano derecha de forma vertical frente a tu rostro y, en un movimiento rápido en dirección a tu frente, di: «¡Basta! Estoy en el aquí y en el ahora». Lo importante es regresar a mi centro, obligarme a colocarme en lo que estoy haciendo en este momento y no a fugarme en el túnel del tiempo pensando en lo terrible que puede ocurrir o en lo que ha pasado, anclándome en los rencores. Podemos ir controlando de ese modo el pensamiento: el pensamiento se debe de educar.

Ejercicio 3

También pueden optar por tronar los dedos y al mismo tiempo decir en voz alta: «A otra cosa mariposa». En el momento en que lo han dicho, si estaban sentados, se ponen de pie, si estaban de pie, se sientan y, si miraban a la izquierda, miren a la derecha. La idea es que el cerebro reciba la instrucción que han cambiado no solo en su mente, sino también en su postura corporal.

Practicando estos ejercicios será más fácil para nosotros tener control sobre nuestras emociones a partir del pensamiento.

Es preciso considerar también las conductas. Si nuestro comportamiento es de aletargamiento, de quietud —situaciones muy habituales durante la pandemia—, estando en casa no salimos, estamos frente a la pantalla, comemos por ansiedad, no hacemos ejercicio o deporte, no dormimos a buena hora, propiciaremos emociones dolorosas. No les digo que sean emociones negativas, dado que tanto las dolorosas como las festivas sirven para algo, tienen una función en nuestro ser y nuestros sistemas. Podemos estar instalados en el dolor si no tenemos una mejor calidad de vida física, es decir, si no realizamos ejercicio y no tenemos una buena alimentación, un buen sueño y una buena y satisfactoria vida sexual. Todo esto forma parte de la parte física.

Finalmente, también hay que tener en cuenta los cambios biológicos, que pueden deberse, por ejemplo, al consumo de drogas, pero también a cambios naturales en nuestro organismo, entre ellos, la menstruación en el caso de la mujer, que a muchas las pone más sensibles o irritables, la andropausia en el caso del hombre, que van a generar desequilibrios hormonales como en la adolescencia. También tendremos que atender ese tipo de situaciones.

Este cuadro es muy importante porque, si ustedes lo tienen presente, van a saber por dónde pueden llegarle para cambiar su estado de ánimo. En la última parte hablamos de estos cambios biológicos al abordar el consumo de drogas, así como el daño que puede causar la ingesta excesiva de alcohol, el tabaco y un largo etcétera. También abordaremos desde un punto de vista médico la depresión y la ansiedad, dado que tanto ansiedad como depresión son enfermedades fisiológicas y solo pueden atenderse si se lleva a cabo un trabajo integral en el que afectemos la parte del sistema nervioso que está en desequilibrio y lo complementemos con una terapia o un ambiente general de bienestar y de calidad de vida cotidiana.

Si llenan su cabeza de cosas horribles, producirán enormes cantidades de cortisol y de adrenalina, que terminan por enfermarnos. Por eso, es preciso buscar la forma de generar serotonina, dopamina y oxitocina, que son las sustancias que nos dan bienestar.

Las emociones son señales para la acción, del mismo modo que el dolor, las punzadas o el malestar en algún lugar del cuerpo nos están avisando de que tenemos que atender ese dolor y priorizar la solución a lo que nos está pasando. Igualmente, hablaremos de un cuerpo emocional, que, cuando sentimos enojo, rencor, celos, envidia y otras emociones negativas nos está indicando que hay algo en nuestra vida que está mal, que hay que ir al fondo del problema para corregirlo. No se trata solo de acallar esa voz del miedo, sino ver por qué existe ese miedo, cuándo se instaló y cómo vamos a transformarlo en un reto. El objetivo del miedo y de todas las emociones que podamos sentir es procurarnos calidad de vida y contribuir también a la sobrevivencia de la especie. El miedo ha sido un fabuloso aliado del ser humano, pues le ha permitido crear una gran cantidad de cosas, de inventos, de formas de vida precisamente para prevalecer y mantenerse protegidos ante la inseguridad.

En cierto modo, el Poder Judicial, las constituciones y las leyes surgen gracias al miedo, nacen con el afán de cohesionarnos y de protegernos los unos a los otros para que no haya miedo: si hay leyes claras, sabes a qué atenerte.

En este cuerpo social, así como nosotros los seres humanos tenemos un cuerpo y en este cuerpo tenemos un cerebro, pequeño en tamaño pero poderoso, tenemos también una zona que conectada con otras zonas emocionales que toma decisiones éticas, y es justo la conciencia ética la que nos indica lo que está bien y lo que está mal. También tenemos un área de lenguaje con muchas conexiones que, pese a estar ya instalada, va moldeándose en función de la cultura donde crecemos y nos desarrollamos y el idioma que aprendemos desde niños. Asimismo, la conciencia ética de igual forma se amolda a la cultura y a las circunstancias, por eso es algo tan complicado: podrá haber países donde es considerado terrible que una mujer no se cubra el cabello de determinada manera y pueda ir a dar a la cárcel por ello y otros en los que una mujer ha sido violada y, en lugar de que las instituciones persigan y condenen a quien la violó, es encarcelada porque se estima que permitió que la violaran, pues ahora ya es una mujer manchada y sucia.

Es importante saber que, desde mi punto de vista, el Poder Judicial, haciendo una analogía con el gran cuerpo social, conforma la parte del cerebro que tiene que estar marcando lo que está bien y lo que está mal, ajustándolo a las circunstancias. Siempre se nos enseñó que éramos entes racionales, pero las neurociencias dicen: «No, somos seres emocionales», dado que detrás de la gran mayoría de las decisiones están las emociones, de modo que la razón «entra» para justificar lo que la emoción decidió. Es un riesgo alto, pero es mejor saberlo que engañarnos diciendo «de ninguna manera», como antaño. En muchos lugares o países está muy arraigada la idea de que el juez y las personas que participan dentro del proceso no pueden tener emociones, que deben dejarlas de lado porque es la razón que debe conducir su actuación, pero no es necesariamente así y la realidad nos dice lo contrario. Por ello, debemos aprender a identificar las emociones y a manejarlas mejor.

Entonces, las emociones son producto de nuestros pensamientos y de la forma en la que percibimos la realidad, son estados mentales que nos hacen tener cierta cognición, que nos hacen sentir que la vivencia es algo muy personal, muy íntimo, muy privado y que son, también, cambios fisiológicos en los que entran en juego diferentes neurotransmisores que pueden generar una sensación de bienestar, pero también de tristeza o depresión.

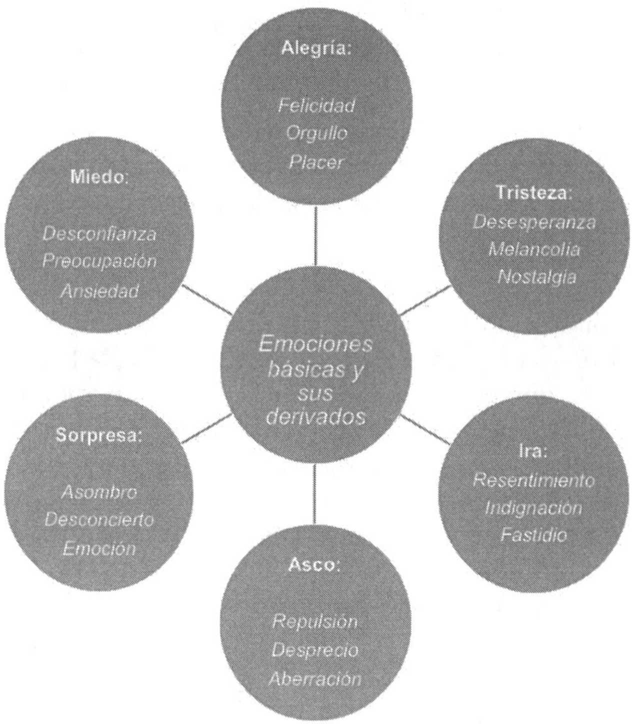

Como ya he señalado, las emociones están presentes en las decisiones judiciales, porque la deliberación que preceda a las mismas tiene que integrar la selección e interpretación de una norma jurídica, tiene que tomar en consideración la información que le permita determinar qué hechos son objeto de controversia y si realmente ocurrieron y tiene que decidir si ese hecho es subsumible en la norma jurídica. En todas las decisiones involucradas en ese proceso están presentes las emociones. Están ahí, detrás, con lo que yo creo, con lo que yo he crecido, con lo que yo he sido educado, con los valores que me ha inculcado mi familia, que se traducen en emociones y que me impulsan a tomar decisiones de una u otra manera.

Las decisiones morales son un concepto también presente cuando se habla del campo judicial. Se dice que son el resultado de las creencias y valores que hemos interiorizado en la estructura de nuestra conciencia moral o jurídica y que nos indican si algo está bien o está mal. Pero eso también cambia en el tiempo y cambia según el grupo que decida qué está bien o qué está mal. Podemos verlo, simplemente, en el hecho de que hay estados en los que se acepa el aborto y estados en los que no se aceptó. ¿De qué va a depender la decisión? De la persona que está al frente o que está formando parte de un proceso.

Respecto a los factores que impactan en las emociones de los colaboradores judiciales, cabe señalar, en primer lugar, los denominados ambientales, que hacen referencia, por ejemplo, a los cambios de residencia y a la movilidad entre residencia y trabajo. Recuerdo que hace tiempo, un joven al que atendí y que había entrado con mucha ilusión y pasión al Poder Judicial con la intención de formarse y prepararse para llegar algún día a ser juez. Se casó en el momento en que ingresó en el Poder Judicial y de pronto le comunicaron que, en lugar de trabajar en la Ciudad de México, lo destinaban a la ciudad de Puebla. La novia, que ya tenía un trabajo sólido en Ciudad de México, renunció para irse a vivir a Puebla y, cuando están buscando casa, resulta que lo destinaron a Ciudad de México. Por lo tanto, la chica pudo —afortunadamente— hablar con su jefa para que la volviera a contratar, pero este muchacho y esta chica estaban en un vaivén, desafortunadamente, terminaron enviándolo a Cholula. Establecido en Cholula y ella en Ciudad de México, él viajaba cada ocho días para poder estar con la recién casada. Me decía que se sentía angustiado porque vivía en una casa —en Cholula— compartiendo con un *roomie* y viviendo situaciones que le hacían pensar «esto no es mi hogar, yo llego cansado porque prefiero trabajar duro para al menos así distraerme, luego llego a este cuarto y después el fin de semana ir a México». Total, que en eso estaba cuando de pronto le dicen «ahora te toca Tlaxcala» y, posteriormente, a Chihuahua. Él me decía que sentía que se había sacado la rifa del día del tigre, como se dice coloquialmente, por lo que sentía que todo aquello le desbordaba, que no era vida para él.

Por eso pienso, ojalá no todos, como esta persona que buscó terapia porque se encontraba en el vaivén de la indecisión, tengan que preguntarse: «¿Qué es lo que quiero realmente en la vida?, ¿seguir prosperando en el Poder Judicial o en mi familia?». Muchos la han de pasar así, pero lo importante es que vean que todos estos factores impactan emocionalmente, dado que, si bien fue la emoción lo que lo llevó a hacer carrera en el Poder Judicial, también fue la emoción del miedo la que posteriormente lo motivó a que cuestionara su decisión. Seguramente muchas personas tienen que enfrentarse a este tipo de situaciones, por lo que es importante que aprendan a manejar sus emociones.

Por otro lado, hay que considerar la cuestión familiar, que afecta a las relaciones de pareja y a las situaciones familiares sobre todo en casos como el descrito, en el que ambos sentían que no estaban construyendo una relación porque tenían vidas paralelas.

Otros factores importantes son los personales, que dan la medida del estado de salud física —si hace ejercicio, cómo se alimenta, si tiene gastritis, colitis y demás afecciones— y de las enfermedades más frecuentes en el caso del personal o de los colaboradores judiciales. En la misma línea, también es importante la administración del tiempo. ¿Es un tiempo de calidad?, o ¿es un tiempo agobiante en el que las cargas de trabajo no les permiten hacer otras cosas?

Las propensiones emocionales se refieren a esa forma característica de ser, ese rasgo de personalidad emocional de algunas personas a ser muy irritables, otros son muy quisquillosos, obsesivos, muy cuidadosos y escrupulosos en su quehacer. Esas formas y propensiones emocionales también afectan la calidad de vida y el ambiente emocional de la persona que es colaboradora del Poder Judicial. Asimismo, y en relación con las capacidades emocionales, les cuestiono; ¿qué tanto han desarrollado su capacidad para enfrentar todo este tipo de propensiones y no vivir instalados en la ansiedad, la irritabilidad, el enojo o la obsesión enfermiza de tener que hacer las cosas de cierta manera? También son importantes las emociones morales —la culpa, la indignación, el arrepentimiento—, todo lo que está en juego a nivel emocional y que, cuando están presentes, nos hacer cobrar conciencia de que debemos trabajar las habilidades socioemocionales.

Finalmente, cabe hacer referencia a los factores laborales que, de alguna forma, he ido abordando y que se hacen referencia a la actitud personal y a la función dentro del Poder Judicial: ¿Cómo me siento en mi posición?, ¿cómo me siento haciendo lo que hago?, ¿cómo siento y qué sentido tiene para mi vida?, ¿tengo conciencia de la enorme responsabilidad que asumo al ejercer una justicia pronta, expedita, transparente y autónoma, equitativa para la gente que viene en busca de ayuda?, ¿cómo vivo esto?, ¿con pasión, con necesidad de empaparme de más conocimiento sobre las leyes y la Constitución y de encontrar la manera de aplicarlas con equidad y justicia ? Porque a mí me parece que, en verdad, se trata de un papel tan importante que debería alimentarnos de una mística que va más allá de lo humano, casi sobrehumana y muy trascendente. También hay otros factores laborales. Así, los demandantes ansiosos por resolver sus asuntos que hay que enfrentar día a día, la carga de trabajo excesiva, el clima laboral que puede generarse en el ámbito laboral, la falta de empatía con el particular demandante y con el interés público para la interpretación adecuada de la ley a fin de salvaguardarla, la finalidad de que la decisión contribuya al bien común y beneficie a la mayoría.

Luego tenemos los ciclos cerrados y los mecanismos que fundamentan la negación del error. Sobre los ciclos cerrados hay un libro de Matthew Syed titulado *Pensamientos caja negra* que habla de cómo en la aviación existen las cajas negras —que, en realidad, son de color naranja—, las cuales durante un incidente o en una tragedia aérea permiten detectar qué pasó. Syed afirma que las cajas negras han permitido que exista corrección de errores en la aviación, que cada vez haya menos accidentes y por consiguiente, sea más seguro viajar en un avión, pero que, en contraposición, en el campo de la medicina o incluso en el campo judicial, no existe esta caja negra que revise qué ha pasado y permita corregir y evitar estos errores. Por eso, el autor habla de los *ciclos abiertos* y los *ciclos cerrados*. Los ciclos abiertos son las cajas negras que ponen sobre la mesa los problemas existentes, que señalan dónde se dieron las fallas a fin de elaborar protocolos que nos garanticen que no vamos a volver a repetir el error. En el ámbito de la medicina, cuando se muere un paciente y uno de sus familiares pregunta, lo único que le dicen es: «no, no resistió, hubo ciertos problemas, se presentaron circunstancias difíciles y no resistió la operación o la anestesia», pero en realidad no hay explicaciones. Por eso este planteamiento es interesante, dado que muestra que, cuando la gente se niega a aceptar los errores, muchas veces caen en lo que conoce como disonancia cognitiva, que consiste en que, aun cuando hay evidencia concreta de que estoy cometiendo un error, el arraigo de mis creencias omite la evidencia y mi cerebro busca las justificaciones y nuevos argumentos para persistir en el error.

Como señala el creador del concepto de disonancia cognitiva, Leon Festinger, es curioso que justo en la sala de operaciones o en los aviones, incluso cuando han analizado las causas de un problema y se ve que, aunque los auxiliares le indicaran que ya no había gasolina, el jefe de pilotos o el comandante insistía (erróneamente) en que debían llegar a determinado aeropuerto en el que era posible aterrizar, con el resultado de que la nave se estrelló. Igualmente, el médico que está al frente del quirófano insiste en que el paciente todavía puede resistir y que no es necesario practicarle una traqueotomía o cualquier otra intervención para que respire, pero se les muere. Muchos de esos errores son humanos por la disonancia cognitiva. ¿Por qué la gente actúa de ese modo? Porque les cuesta mucho perder el poder, les duele perder su imagen y porque aceptar que se han equivocado es un golpe a su autoestima.

Lo que acabo de exponer nos lleva al siguiente punto, el síndrome de Húbris, que hace referencia a la conducta de aquellas personas que no necesariamente ocupan el nivel jerárquico más alto en una institución u organización. Basta que tengan algo de poder para que se dispare su ansia de ejercerlo y creerse dueños del mundo y de las voluntades ajenas e imponer su criterio sin escuchar ninguna crítica, actitud que suele tener efectos muy negativos. A la gente que está a su alrededor se le pregunta: «¿Tú por qué no hablaste más?, ¿por qué no insististe con tu jefe?». La falta de respuesta tiene que ver con el hecho de que también está en juego si esa persona tiene el prestigio, si tiene la posición y el poder ¿cómo cuestionarlo?, ¿cómo poner en duda su capacidad? Debemos tener muy presentes estas situaciones, porque suceden todas las áreas.

Un ejemplo de ello es la investigación realizada por Edwin Bochard, profesor de Derecho de Yale que en 1932 elaboró una lista de condenas erróneas que posibilitaban la identificación y el análisis de los puntos débiles del sistema y la introducción de las debidas correcciones. Sin embargo, en seguida surgieron voces y actitudes descalificadoras, y algunos fiscales señalaron: «Nunca se condena a personas inocentes, no hay de qué preocuparse, el sistema funciona». Sencillamente, negaban los errores de manera tajante porque en realidad allí se estaba dirimiendo una lucha de poder.

Podemos encontrar otro ejemplo de principios del siglo XIX, cuando en Inglaterra y Gales se propuso por primera vez la creación de una corte de apelación criminal. Los primeros en oponerse fueron los jueces, que afirmaban: «De ninguna manera apelaciones, es poner entre dicho lo que ya se juzgó, la cosa juzgada no se puede poner en duda ni que nosotros hayamos cometido errores». La controversia fue enconada y costó mucho lograr el cambio de esta mentalidad y aprobar la reforma.

En el libro arriba citado, Matthew Syed relata que en 1984, cuando Alec Jeffreys y, posteriormente, Kary Mullis pusieron los cimientos de la revolución en la criminología al descubrir las implicaciones del ADN, los jueces y fiscales se manifestaron en contra y argumentaron —todavía a finales del siglo pasado— que el ADN era cuestionable y no lo aceptaron. Todos estos ejemplos nos muestran esa clase de resistencia, en la que siempre estarán involucradas las emociones.

Planteemos una pregunta de importancia *¿cómo desarrollar las habilidades?* Primero, vayamos a la conciencia emocional, en la que debemos identificar las propias emociones y los afectos que puedo tener en ciertas situaciones o circunstancias o frente a otras personas. También puedo conocer mis fortalezas y limitaciones emocionales y tener un fuerte sentido de confianza en mí mismo. Aquí lo esencial es aprender a ponerle nombre a las emociones.

Posteriormente, hay que tener en cuenta la llamada «regulación emocional», que es la capacidad de manejar esos estados de ánimo para podernos recuperar de las tensiones emocionales y controlarlos. También consiste en tener presente que debemos pensar antes de hablar y actuar, no dejarnos llevar por el impulso, actuar con honestidad e integridad, asumir la responsabilidad de nuestros actos y sentimientos, así como adaptarnos a los cambios. Todo esto forma parte de la regulación emocional, y lo que ustedes pueden hacer es ir traduciéndola en acciones concretas para ver de qué manera evolucionan y cambian en ese sentido.

En relación con esta cuestión, propondré un ejercicio. Si hablamos de regular nuestras emociones, a lo largo del día muchas veces ustedes pueden experimentar mucha tensión. ¿Qué pasa cuando sienten que algo les amenaza, que algo les incomoda y sienten la necesidad de enfrentarlo o de huir? Pueden llegar a sentirse emocionalmente vulnerables, pues lo primero que debemos hacer es trabajar sobre nuestra amígdala, que es donde se detona el eje del estrés y que puede motivar a que hagamos cosas de las que después nos arrepintamos. Por ello, les recomiendo que, como colaboradores judiciales, dediquen unos minutos por la mañana o a lo largo del día —porque a veces solo se dispone de diez minutos— para hacer lo siguiente:

Ejercicio 4

Cuando te sientas fastidiado y desesperado, vuélvete roca de mar y la fatiga emocional se irá como la ola...

Con la espalda recta, en tu lugar mira hacia enfrente y cierra los ojos, siente tu respiración relajadamente, visualiza en tu imaginación una gran roca de mar rodeada de agua, ahora entra a la roca y siente su firmeza, adéntrate dentro de ella, el sonido de las olas te relaja, las preocupaciones se convierten en ese oleaje y deja que olas de la fatiga te golpeen, deja que se acerquen la brisa del cansancio o desesperación.

Siéntela sin aferrarte a ella y sin juzgarla, tal como es.

Mantente firme como la roca y observa como el oleaje llega a ti para luego diluirse en la espuma.

Observa cómo se ha empezado a disolver en un sentimiento apacible. Relájate sintiendo esa paz todo el tiempo que puedas. Si surge algún pensamiento que te perturbe, transfórmalo en olas que se diluyen desapareciendo en espuma.

Al final, abre los ojos, inhala y exhala, ubícate en el aquí y en el ahora y sal de la roca.

Este tipo de ejercicios pueden ser practicados a lo largo de día, sin la necesidad de tomar mucho tiempo. Se puede empezar con cinco minutos y aumentarlo gradualmente hasta diez minutos. Somos seres que estamos aprendiendo a manejar sus habilidades socioemocionales.

Aparte de este manejo, también tenemos las habilidades sociales, ámbito en el que tenemos que trabajar la empatía, es decir, la capacidad de ponerme en el lugar del otro, sentir su apremio, su apuro, entender sus razones para enriquecer mi visión de un problema, así como ayudar a desarrollarse a los demás. Qué importante es que muchos me hayan compartido: «Es que oye, mi juez es una persona tan cercana, me da información, me permite leer cosas, está fomentando mi crecimiento». Es importante celebrar y aprovechar la diversidad. En un equipo somos diferentes, pero esta diferencia nos nutre: no se trata solo de respetar o tolerar la diferencia, si no de celebrarla. Es positivo que el mundo sea diverso y que todos seamos diferentes, que poseemos físicos y mentalidades divergentes, dado que eso nos enriquece.

Ejercicio 5

Trabajando en pareja, uno se quedará sentado y otro se colocará de pie. El que está de pie va a colocar sus manos en la cintura y abrirá sus piernas un poco, con tono despectivo le va a decir tres veces al que está sentado de frente: «Yo estoy bien, tú estás mal» con una actitud de descalificación. Mientras tanto, quien esté sentado adoptará una postura de víctima y estará asustado —con la cabeza agachada, las manos entre las piernas mientras se escuchan—.

Ahora, los que están de pie mantendrán su actitud ególatra y los que están sentados ahora mirarán hacia los que están de pie y le dirán tres veces: «Yo estoy mal y tú estás bien».

Finalizado esto, cuestionémonos lo que sentimos. ¿Está actitud es buena o correcta?, ¿qué actitud tengo yo normalmente?, ¿me gustó o me desagradó?, ¿tengo una actitud grosera o de agarrar la cabeza?

Ahora, los que están sentados se colocarán de pie en posición de karatecas, y quienes están ya de pie en una posición defensiva. Ambos dirán: «A ver de qué cuero sale más correa». Quizá estas posiciones y esta frase nos genere risa, pero nos ayudará a entender que estas posturas defensivas tampoco nos ayudan en la vida porque solo vamos a estar luchando contra el otro. A veces gana uno, a veces otro, pero al final todos salen perdiendo porque terminan lastimados.

Una tercera postura es estar de espaldas y viendo de reojo al compañero y decir tres veces: «Me vale sombrilla». Debemos entender que esta postura tampoco nos va a servir porque cuando actuamos así, aplicando la ley del hielo o ignorándonos, afectamos nuestras relaciones con nuestras parejas, nuestros hijos o nuestros compañeros de trabajo.

Por último, ambas personas se miran directamente a los ojos —porque el contacto visual es muy importante en el desarrollo de las habilidades socioemocionales— y dirán tres veces: «Yo estoy bien, tú estás bien». Esta es la postura sana ante la vida en todas las relaciones que establezcamos, que es aprender a escuchar al otro.

Capítulo 7

LOS MEDIOS ALTERNOS DE SOLUCIÓN DE CONTROVERSIAS: CALIDAD HUMANA

Marisela Morales Ibáñez*

Los sistemas judiciales de los diferentes países del mundo experimentan un constante proceso de cambio y el sistema mexicano no es una excepción. En 2008, se aprobó una importante reforma en nuestro país que, desde entonces, ha sido fortalecida con el esfuerzo tanto de la federación como de los propios estados. El cambio es una realidad constante a la que nos enfrentamos día con día en los diferentes campos del quehacer humano, y precisamente la construcción del sistema judicial actual obedece a esa evolución que siempre busca materializar los derechos fundamentales reconocidos en la Constitución, específicamente el artículo 17, que establece un acceso a la justicia pronta, expedita, imparcial en beneficio de la cohesión, cuidado y el fortalecimiento del tejido social, un tema muy complejo en estos tiempos. Este proceso no es nuevo ni reciente, pero su consolidación ha requerido un camino largo. Hay antecedentes internacionales de mecanismos alternativos de resolución de controversias que se remontan a determinados acontecimientos como la Conferencia de Paz de la Haya, de 1899, que fue convocada por el Zar Nicolás II de Rusia con el objeto de mantener la paz mundial, reducir el armamento y legislar para lograr la consecución de soluciones pacíficas en los conflictos entre los países. El resultado fue la adopción de un convenio para el arreglo pacífico de las controversias internacionales. En principio, el arbitraje fue el mecanismo de resolución de conflictos internacionales elegido, por lo que se estableció la Corte Permanente de Arbitraje.

Otro antecedente internacional es la creación de la Conferencia de la Haya de Derecho Internacional Privado, una organización intergubernamental de carácter mundial cuya finalidad es unificar reglas de la práctica internacional. En el marco de las reuniones de esta organización, se adoptó el convenio de la

---

* Licenciada en Derecho por la Universidad Nacional Autónoma de México. Maestra en Ciencias Penales por el Instituto Nacional de Ciencias Penales. Doctora en Política Criminal por el Centro Jurídico Universitario.

Haya de 1980 sobre aspectos civiles de la sustracción internacional de menores, que ha procurado fomentar la mediación familiar y promover soluciones amigables en los diversos convenios que se llevan a cabo.

Un ejemplo del desarrollo de este sistema es el que se aplica en Estados Unidos de América. En el derecho estadounidense, la mediación, la conciliación y el arbitraje voluntario en conflictos laborales, administrativos y civiles se han consolidado y expandido notablemente a lo largo de las últimas décadas. La *Alternative Dispute Resolution (ADR)* es el término genérico con el que en Estados Unidos se designa a la resolución informal de disputas entre dos partes en conflicto mediante la intervención de una tercera parte que les ayuda a solucionar la controversia sin necesidad de recurrir a la vía jurisdiccional. Aunque los medios alternativos para la resolución de conflictos entre individuos y comunidades han sido empleadas en todas las culturas a lo largo de los siglos, su desarrollo en los Estados Unidos ha sido muy amplio y sus resultados positivos.

Desde los años 70, el impulso de los movimientos de defensa de los derechos civiles ha generado un mayor grado de sensibilidad social en la tutela de los derechos individuales, los derechos de las minorías, de las mujeres, de los menores, así como en la lucha contra la discriminación y la segregación en sus múltiples variantes —sexual, racial y religiosa—. La expresión jurídica inicial de esta tendencia fue ley federal de 1964, que permitió reclamar la tutela y garantía de los derechos individuales de un modo más efectivo. Obviamente, este cambió legislativo ha provocado el incremento del número de procesos judiciales y, con ello, la lentitud y la saturación de casos pendientes de resolución en distintos tribunales federales y estatales estadounidenses. Por ello, en la sociedad estadounidense se ha ido introduciendo progresivamente un modelo negociador más ágil, barato y eficaz para resolver disputas de índole jurídica. De este modo, la conciliación, la mediación y el arbitraje se han convertido en las décadas recientes en medios muy populares entre los estadounidenses para la resolución de sus disputas jurídicas y han contribuido enormemente a descongestionar los tribunales de justicia.

Son remedios empleados cada vez con mayor frecuencia y en todos los ámbitos en los que puedan surgir disputas jurídicas: el familiar, el educativo, el laboral, el contractual, el administrativo, el medioambiental, el sanitario, e incluso en los conflictos entre organizaciones y entidades religiosas. La mayoría de los expertos en mediación de los Estados Unidos asumen la siguiente tipología de disputas en el ámbito *iusprivatista*: domésticas y familiares —divorcios, custodia de hijos menores, propiedad de bienes gananciales, manutención, entre otras cuestiones—, controversias sobre daños de accidentes automovilísticos y negligencias médicas, responsabilidad civil subsidiaria, disputas laborales —discriminación o acoso laboral, así como conflictos de índole sindical y compensaciones laborales—, trasgresiones de cláusulas de silencio sobre información comercial reservada, conflictos entre comunidades de vecinos debido al uso de la propiedad horizontal, contratos y subcontratos entre empresas y agencias gubernamentales, contratos entre particulares y constructores, insolvencias y disputas entre acreedores y deudores, seguros y reclamaciones a compañías aseguradoras, conflictos en el ámbito educativo motivados por el reconocimiento de méritos y beneficios laborales derivados, disputas en materia de propiedad intelectual y patentes, violaciones de códigos de ética, conflictos entre miembros directivos de fundaciones y asociaciones, disputas testamentarias y agresiones a las normas medioambientales con daños a terceros. El éxito de las *ADR* ha propiciado su expansión en el ámbito internacional y global, incluso en el ámbito mercantil creado por las nuevas tecnologías como las plataformas de internet, que ha multiplicado y expandido la actividad electrónica.

Asimismo, es cada vez más frecuente que las *ADR* constituyan el cauce habitual en la negociación de disputas internacionales entre las grandes empresas multinacionales que compiten por un mismo mercado, así como en las disputas laborales denominadas intratables o insolubles que, gracias a estos medios alternativos, se han trasformado en tratables y solubles o, cuando menos, más manejables. Algo similar sucede en el ámbito de los conflictos internacionales de índole étnica, religiosa e incluso política, en los que la mediación internacional se abre paso como un cauce más pragmático que los tradicionales en la política y la diplomacia internacional y cada vez es más frecuente el nombramiento de mediadores de reconocido prestigio político en el seno de la comunidad internacional para afrontar y tratar de solucionar las grandes disputas y retos políticos sociales de nuestra era. Tal es el caso del papel que juegan algunos de los expresidentes estadounidenses, como Jimmy Carter o Bill Clinton, en varios de los más complejos conflictos políticos recientes que la diplomacia internacional no ha podido resolver. Además, en los últimos años la *ADR* en Estados Unidos está probando su capacidad para la construcción del consejo en las cada vez más frecuentes disputas medioambientales entre particulares y grupos activistas contra las grandes compañías que producen daños potenciales al ecosistema. Otro ejemplo está en el entonces Tratado de Libre Comercio de América del Norte celebrado entre México, Estados Unidos y Canadá que preveía que los posibles conflictos que se suscitaran podrían ser resueltos a través de procedimientos como la mediación y la conciliación. A pesar de que la justicia alternativa es utilizada desde hace ya varios años, lo cierto es que en los conflictos entre particulares la mediación y la conciliación no tuvieron demasiada trascendencia en la administración e impartición de justicia de nuestro país hasta que adquirieron gran relevancia tras la reforma constitucional de 2008.

En una era global que modifica en todos los sentidos nuestra vida diaria, el derecho no puede permanecer ajeno al proceso de trasformación. Por ello, se han convocado y construido los congresos mundiales de mediación como miras a su homologación global.

Durante el siglo XX, la mayoría de las naciones del mundo firmaron declaraciones, tratados internacionales, convenciones y pactos con el fin de que todos los seres humanos cobráramos conciencia y nos comprometiéremos a defender y proteger los derechos humanos. Estos tutelan derechos naturales inherentes a nuestra naturaleza y su reconocimiento en las constituciones de los Estados democráticos, así como su plena vigencia en las normas positivas, compromete y obliga a cada nación a diseñar políticas públicas que respeten y garanticen la dignidad de cada persona. Sin embargo, a pesar de que, independientemente del rincón del planeta en que haya sido concebido, cada individuo es portador de dignidad y derechos por el solo hecho de serlo, los derechos ahora se vulneran con mayor intensidad, y los conflictos, sobre todo aquellos que dañan severamente las relaciones interpersonales, grupales y sociales, suelen gestionarse a través de actos que atentan contra la dignidad y los derechos de los demás.

La violencia en todos los espacios de la vida gregaria y, en particular, en la familia, la escuela y la comunidad próxima nos aleja de la legítima aspiración de convivir pacíficamente y alcanzar un desarrollo humano armónico y pleno. En este contexto se ha convocado a los congresos mundiales de mediación, ya que desde sus orígenes se ha sostenido que esta metodología es una vía eficaz para transitar de una cultura de la violencia a una cultura de la paz y de la concordia. Los logros hasta ahora alcanzado en estos congresos —que, por cierto, se han visto reflejados en reformas constitucionales y en la regulación de normas secundarias sobre la mediación, además de la conciliación, la articulación de nuevos modelos y la puesta en práctica de las propuestas surgidas en su seno— compromete a todos los movimientos a plantear entre sus naciones de origen la urgencia de que incorporen a sus políticas públicas la mediación como estrategia de pacificación, priorizando para ello a las instituciones socializadoras. Asimismo, la sinergia entre el respeto de la dignidad de todas las personas y la mediación obliga a las organizaciones sociales a desarrollar programas destinados a democratizar la práctica de la mediación, de tal manera que, independientemente del momento o del lugar donde surja un conflicto, se disponga de mediadores pacificadores pares, por lo que el congreso se constituye en un espacio adecuado para generar esas propuestas y alcanzar acuerdos relevantes orientados a extender la mediación en todo el planeta.

Por último, es necesario destacar que el aumento indiscriminado de la violencia coloca en riesgo a nuestra especie, de ahí la pertinencia de estos congresos, en los que se pretende contribuir a que cada país evalué la multicausalidad de la violencia y a que esta se frene y sea revertida en gran medida a través de la mediación.

Durante mi tiempo como cónsul, puedo decir que esta experiencia permite lograr objetivos y es enriquecedor saber que en los demás países mejoran las estadísticas sobre la resolución de los conflictos a través de esos mecanismos alternativos. La mediación es el tema fundamental y es eso precisamente lo que ahora, en nuestro país, las capacitaciones y certificaciones a mediadores, personal de los tribunales de justicia y los institutos que se han creado resultan tan importantes, pues de este modo se despresuriza el cúmulo de trabajo de los tribunales y podemos acceder más rápidamente a la justicia.

La calidad humana es importante en la mediación, pero si bien es cierto que tiene ventajas, algunos la han criticado porque lamentablemente, en ocasiones se impone la ley del más fuerte, por ello en la mediación siempre tiene que haber esa ética en todas las personas que están involucradas y hay que vigilar y evitar la lógica del abuso del más fuerte. Este es, en mi opinión, uno de los grandes retos que tenemos como país y un desafío para quienes imparten justicia, sobre todo, los que quieren justicia, es decir, las personas que están sujetas a estos mecanismos y que voluntariamente aceptan que a través de este mecanismo pueda solucionarse su problema.

Como ya se ha señalado anteriormente, los conflictos, sobre todo aquellos que dañan severamente las relaciones grupales y sociales, pueden gestionarse de forma violenta en algunos lugares, atentando contra la dignidad y los derechos humanos de muchas personas, colectivos vulnerables como la familia y la comunidad, pero también a instituciones como la escuela. Se hace cada vez más necesario transitar hacia esa cultura de la paz y la concordia, y todos debemos comprometernos a plantear con urgencia estas políticas públicas que puedan contribuir —y, sobre todo reforzar— a las instituciones encargadas en este tema, tanto públicas como privadas. En el mismo sentido, la sinergia entre el respeto a la dignidad de todas las personas y la mediación conmina a las organizaciones sociales a desarrollar programas destinados a democratizar la práctica de la mediación de tal manera que, independientemente del momento y del lugar en donde surja un conflicto, podamos disponer de mediadores para posibilitar, de esta forma, la solución de ellos y obtener beneficios para las personas que se encuentran en situaciones de conflicto.

La organización de un congreso internacional al que asistí en Génova, Italita —del que quiero que sepan—, estuvo a cargo del Dr. Jorge Pesqueira Leal, que es el fundador de los congresos mundiales y nacionales de mediación. México, cuyo equipo dirigía, fue de entre todos los países de América Latina, el país que más participación tuvo y, para satisfacción de todos nosotros —dado que hacen un gran papel fuera de nuestras fronteras— fue la delegación más grande. Por parte de Génova, hay personas muy valiosas, como Mara Morelli y Danilo de Luis, de la fundación San Marcelino de Génova, junto con otras entidades que auspiciaron este congreso que destacó sobre todo por su compromiso con la transformación social mundial y propició que los mediadores compartieran con profesionales de veintisiete países los avances de la mediación en todos sus ámbitos a través de proyectos exitosos que promueven alternativas a la hora de gestionar los conflictos. El congreso planteó nuevos retos intelectuales y profesionales; en este sentido, se han venido realizando diversos congresos para seguir abordando el tema. En el mes de agosto de 2022 se celebró en Sucre, Bolivia, el congreso número 18 de mediación, organizado por la Universidad San Francisco Javier de Chuquisaca, en el que colaboraron también el Instituto de Mediación de México y la Universidad de Sonora. En este encuentro participó de manera virtual la rectora de UNISON, María Rita Blancarte Martínez, quien aseguró que en la máxima casa de estudios de Sonora se valora la importancia de la mediación como estrategia para la prevención de controversias en la familia, la escuela y la comunidad. Sergio Milton Padilla Cortés, rector de la Universidad San Francisco Javier, resaltó también la participación y colaboración en este evento del colegio académico organizado, integrado por personal de México, Argentina, Colombia y Bolivia. Es un tema que incide en el espíritu de la sociedad y en la capacidad de construir humanidad en la patria y en los procesos históricos urbanos. Si no tenemos capacidad de diálogo para encontrar puntos que nos permitan hallar una solución a un conflicto, hemos perdido la capacidad de decir con todas las letras *humanidad*.

La rectora de la máxima casa de estudio señaló que, gracias al esfuerzo de instituciones de educación superior de América Latina —y en particular, de la Universidad de Sonora y del Instituto de Mediación de México—, los congresos mundiales de mediación han tenido continuidad a lo largo de las últimas dos décadas y han generado un conocimiento orientado a la edificación de la paz en el mundo. Desde los orígenes de la mediación como procedimiento complementario a la impartición de justicia por los tribunales en nuestra región, la máxima casa de estudios de Sonora ha estado siempre presente en la tarea de impulso y desarrollo de esta eficaz metodología de solución autocompositiva de los conflictos. Su rectora comentó que la alianza con el Instituto de Mediación ha sido decisiva para difundir las ventajas de la mediación, principalmente como una vía para reducir la carga de los tribunales al poner en manos de los protagonistas del conflicto la oportunidad de que ellos mismos sean quienes lo solucionen. Jorge Pesqueira, en su calidad de presidente del Instituto de Mediación, resaltó la colaboración de la iniciativa privada de México, su interés en reducir los conflictos, y por lo tanto, su participación en los congresos mundiales.

El congreso mundial analizó tres áreas sustantivas: la mediación y conciliación, resolución de conflictos y la justicia restaurativa, que se vincula a diferentes ámbitos. En cada una de sus ediciones, tras el arduo trabajo que incluye talleres, foros de análisis dialécticos, diálogos filosóficos, presentaciones de libros, exposiciones de proyectos y espacios de diálogos que conducen expertos internacionales al que concurren mediadores locales, nacionales y extranjeros, estos congresos publican un manifiesto que sintetiza su espíritu y hace un llamado a todos los pueblos del mundo a construir una cultura de la paz.

En este sentido, nuestro país no puede ser ajeno a una transformación basada en un proceso global como este, y aunque la inclusión de la ADR en el marco legal es relativamente reciente, su evolución ha estado marcada por resultados favorables para nuestro contexto social. La historia de los medios alternativos de solución de controversias (MASC) en México, comienza en 1997, pero de manera totalmente desigual en el territorio nacional, ya que en un principio las entidades federativas no estaban obligadas a ofrecer dichos mecanismos a sus sociedades. Esta situación incidió directamente en que la justicia alternativa avanzara de manera muy desigual en los distintos estados. Aquellos estados que quisieron, incorporaron medios alternativos de resolución controversias, pero otros no manifestaron tanto interés en su implementación. En este sentido, el movimiento se inició con la reforma constitucional del estado de Quintana Roo y la expedición de la ley de justicia alternativa de este estado, el 14 de agosto de 1997. Por lo tanto, Quintana Roo fue el pionero en esta materia, diseñando un ambicioso proyecto de justicia alternativa que trató de materializar la igualdad jurídica consagrada en su carta fundamental para garantizar a todos los ciudadanos la administración de justicia a través del establecimiento de medios alternos preestablecidos y vigentes en su sistema jurídico. La intención de ese programa fue mejorar la situación de los sectores marginados que, debido a factores de orden económico, cultural, social o jurídico, percibían que se vulneraba su derecho de recibir justicia, facilitándoles así la posibilidad de resolver sus controversias a través de los medios alternativos. A partir de este año, los poderes judiciales de algunos estados así como algunas instituciones de educación superior como la Universidad de Sonora, la Universidad Autónoma de Aguascalientes, el Centro de Investigación y Docencias Económicas, así como barras y colegios de abogados, notarios y organizaciones de la sociedad civil, entre otras entidades, iniciaron la difícil labor de difundir, promover, convencer y capacitar a un gran número de profesionales con la esperanza de que el recurso a los medios alternos mejoraría la administración de justicia y promovería la cultura de la paz social. Por ejemplo, entre el 7 y el 10 de noviembre de 2001 se celebró en la ciudad de Hermosillo, Sonora, el primer Congreso Nacional de Mediación, cuyas ediciones se han venido desarrollando —como les contaba— periódicamente, la última de ellas en Bolivia.

El fenómeno de incorporación de los medios alternos en México es relativamente nuevo. Hace unos cuantos años la mediación era un tema casi desconocido tanto para los justiciables como para las autoridades judiciales, y los ataques a quienes promovían la mediación tanto fuera como dentro de los poderes judiciales eran constantes. La implementación de la mediación como instrumento de paz se calificaba de soñadora —por decirlo suavemente—, pero el tiempo ha mostrado que la mediación se ha consolidado poco a poco como un proyecto sin duda exitoso porque el equipo de promotores de la paz ha seguido creciendo a lo largo y ancho del país con la convicción de que la mediación es una nueva profesión basada en la vocación de servicio al prójimo y de ser un instrumento de paz.

Retornando al año 1997, se creó el Centro de Asistencia Jurídica de Quintana Roo, institución en la que podían celebrarse procedimientos de justicia alternativa como la mediación y la conciliación, pero la activación de estos procedimientos ya no dependían de que existiera previamente un juicio —como en el caso de la tradicional audiencia de conciliación en un proceso judicial—, sino que se concibieron como procedimientos completamente independientes llevados a cabo en una sede perteneciente al poder judicial local, en la que se practicaba exclusivamente la justicia alternativa. Posteriormente, la nueva era de los medios alternativos de solución de conflictos comenzó a extenderse poco a poco por todo el país. En 1999, Querétaro cimentó el movimiento y en 2001 lo hizo Baja California Sur. Para los inicios de 2008, la mayoría de las entidades federativas contaba con su respectiva ley de justica alternativa y habían creado sus propios centros en la materia, que, en algunos casos, como el de Guanajuato, contaba con varias sedes en diferentes municipios; además, a cada uno de los procedimientos se le podía destinar gran cantidad de horas y sesiones en un ambiente relajado. Sin embargo, el desarrollo de los medios alternos ha sido un fenómeno singular, ya que cada entidad ha concebido y desarrollado su propio proyecto con características específicas, circunstancia que ha motivado que los resultados sean muy heterogéneos en unos y otros estados.

Como saben, el 18 de junio de 2008, fueron publicadas en el *Diario Oficial de la Federación* varias reformas a la Constitución, entre ellas la del artículo 17. Esta modificación estableció que las leyes preverían mecanismos alternativos de solución de controversias, y que, en la materia penal regularán su aplicación, asegurarán la reparación del daño y establecerán los daños en los que se requerirá supervisión judicial. Por su parte, el artículo 2 transitorio señaló en su primer párrafo que el sistema procesal acusatorio previsto en el artículo 16, 17, 19, 20 y 21 entraría en vigor cuando lo estableciera la legislación secundaria correspondiente, sin exceder el plazo de ocho años contados a partir del día siguiente de la publicación de este decreto. Así, la prestación del servicio de justicia alternativa —entre ellos, la mediación— se convirtió en una obligación constitucional para todas las entidades federativas del país, aunque, en el caso de las entidades federativas que no hubieran implementado medios alternos, la obligación debería hacerse efectiva en un plazo de ocho años contados a partir del día siguiente de la publicación de la reforma.

Si bien México está transitando de una etapa de incorporación a una etapa de consolidación y desarrollo, muchas veces la justicia alternativa debe analizarse en cada estado, ya que no hay uniformidad alguna entre los desarrollos de una entidad y los de otra. Las entidades federativas también difieren en lo que respecta a la articulación de los medios alternativos de solución de conflictos en sede judicial. Por ejemplo, ¿la existencia de medios alternativos y su regulación deben estar contempladas en la constitución del estado, en la ley orgánica del poder judicial, en una legislación especial o solamente en un reglamento? También hay divergencias en lo que hace a su ubicación en la estructura institucional, es decir, la mayoría de las entidades analizadas las ubican dentro del Poder Judicial, aunque con características distintas: órganos auxiliares del supremo tribunal o del consejo de la judicatura, órganos desconcentrados, organismos con autonomía técnica, extensiones de los juzgados civiles y un largo etcétera.

Su denominación y sus ámbitos de competencia geográfica también son muy diversos en cada estado. Existen diferencias significativas en relación con las materias de aplicación, así como con el contexto temporal en que los procedimientos fueron incorporados a la sede judicial. También son diferentes los requisitos de capacitación de los mediadores y conciliadores, además de que su exclusividad profesional viene determinada por cada entidad, por lo que cada uno de ellos ha adoptado y otorgado una justificación *ad hoc* y no hay homogeneidad de criterios. La realidad respecto a los medios alternos de solución de controversias sugiere la adopción de un nuevo paradigma para la administración de justicia en materia penal, la justicia restaurativa frente la justicia represiva, inflexión que implica que el sistema se concentre en la reparación del daño, la asunción de responsabilidad y el arribo a acuerdos con ayuda de un tercero en lugar de centrarse en la sanción y el castigo al infractor. Cada entidad federativa ha generado un modelo distinto de modelos alternos en sede judicial, con su propio personal y su propio sello. Asimismo, los presupuestos destinados y los resultados obtenidos varían notablemente en cada uno. Esta falta de homogeneidad en los criterios genera una antinomia entre el mandato constitucional de que las leyes deben ser aplicadas por un juez bajo el principio del debido proceso y la manifestación de los procedimientos que conllevan a los medios alternativos de solución de conflictos. Sin bien es cierto que se han elevado al rango constitucional, no es menos cierto que el respeto a las leyes establecidas con anterioridad al hecho dentro del campo de la ponderación deberían primar, pero los cambios de criterios en materia jurídica en favor de la ciudadanía y con el fin de sanear los conflictos de una forma rápida y que se reduzca la necesidad de llevar un juicio en forma ha logrado privilegiar estos sistemas.

Aún falta mucho por construir en materia de legislación de los medios alternativos de solución de conflictos tanto en el ámbito federal como en el local para lograr que su aplicación no solo sea eficaz, sino también generalizada, así como para diluir esta antinomia derivada principalmente de su reciente aplicación y la construcción de un sistema de justicia alternativa que aún no acaba de consolidarse en el sistema judicial de todo el país, que es deseado para alcanzar las metas sociales de su creación y las metas económicas en materia de ahorro y solución de conflictos, generando un clima de confianza social que propicie la preferencia por los medios alternos de solución de conflictos en el grueso de la sociedad como una vía eficaz.

La formación de los mediadores, conciliadores y facilitadores debe estar regida por principios éticos y de actuación muy puntuales, de ahí la importancia de la impartición de la formación teórica de los medios alternos de solución de conflictos. Esta exigencia se ve reflejada, por ejemplo, en la Facultad de Derecho de la Universidad Autónoma del Estado de México, que ya imparte la licenciatura en Medios Alternos de Solución de Conflictos con el objetivo de formar mediadores, conciliadores y facilitadores dotados de espíritu ético, empatía, bondad, concordia, paz, solidaridad y que apliquen los conocimientos teóricos, prácticos y metodológicos adquiridos desde una visión humanística para relacionar los conceptos esenciales de los medios alternos de solución de conflictos en cada uno de los procesos y materias del conflicto, interpretar el contexto actual con teorías pertinentes a los medios alternos, explicar las causas y consecuencias del conflicto tomando en consideración el entorno en el que se presenta y sus antecedentes, aplicar las herramientas técnicas y las habilidades del proceso específico para que los intervinientes encuentren soluciones teniendo en cuenta el diagnóstico, las estrategias de abordaje del conflicto y reconociendo las limitaciones jurídicas y humanas en un determinado conflicto, así como para respetar las leyes, los derechos humanos y la voluntad de las partes, trabajar y colaborar en equipo las soluciones del conflicto en el que es necesaria la comediación o cofacilitación estableciendo una metodología grupal para el abordaje de la controversia.

Sin duda, es importante que los mediadores, conciliadoras y facilitadores observen un conjunto de valores y principios que les permitan realizar su función adecuadamente. Entre ellos, cabe mencionar el respeto, la honestidad, la sinceridad, la justicia, la rectitud, la honradez, la urbanidad, la solidaridad, la cooperación, la responsabilidad y el reconocimiento. Si su formación profesional y personal tiene esta base, se asegura que la construcción de procesos de conciliación no solo sean expeditos y eficaces, sino también justos. Este es el mejor fundamento para una reconstrucción de la concordia social, tan necesaria en nuestro país. Podría citar y señalar aún más valores, pero considero que estos son los indispensables para quienes aspiren ser profesionales de este campo.

Estos valores y principios serían la base de la transformación social en los diversos ámbitos porque, precisamente, la sociedad cambiará a través de instituciones operadas con personas que los respeten y los fomenten. Se trata de mejorar la vida en sociedad; por ello, las propias herramientas jurídicas para resolver controversias han ido evolucionando para tratar siempre de lograr una mejor convivencia y justicia social. No solo se trata de mejorar estos instrumentos, sino también a las personas que los manejan, así como de concienciar a los actores involucrados en estas controversias. Sin duda, ello coadyuvará a la formación de mediadores, conciliadores y facilitadores con los suficientes fundamentos jurídicos y, sobre todo, éticos para desarrollar y utilizar adecuadamente los medios alternos de solución de controversias, y, a su vez, redundará en la resolución efectiva de conflictos y, por supuesto, en la disminución de la carga de trabajo de los órganos encargados de procurar justicia.

Como ya hemos señalado, la dignidad es el principal eje de construcción de los derechos fundamentales de la humanidad. Por ello, en lo que respecta a la calidad humana en los métodos alternativos de solución de conflictos se han desarrollado diversas teorías y técnicas basadas en la autocomposición, la comunicación, la reflexión y el análisis diagnóstico que les permiten ser vehículos verdaderamente idóneos para la atención de las problemáticas interpersonales. En México, el desarrollo de los medios alternos de solución de controversias está ligado a la creación de centros de justicia alternativa o de mediación en los poderes judiciales locales y a la reforma penal que introdujo el método de la justicia restaurativa. Ahora bien, la consecuencia de esta institucionalización es crecimiento de la burocracia en la puesta en práctica. La naturaleza flexible y autocompositiva de los medios alternos los sitúa como la primera opción para cumplir el mandato constitucional de privilegiar el estudio del fondo del conflicto y para consolidarse, así, como una institución para tutelar los derechos de las personas sustentada en un modelo de justicia negociada cuya *praxis* consiste en construir concesos que satisfacen la voluntad de las partes en el marco de los derechos disponibles y con ellos, poner fin al fondo de la controversia.

Al consolidarse como un medio de acuerdo más próximo a las partes, la expresión de sus posturas y necesidades humanizan los procesos en beneficio de la sociedad, pero no de una forma meramente declarativa, sino de forma tangible, flexible y eficaz, lo que permite a ambas partes sentir satisfechas sus necesidades y demandas en diversos ámbitos, y que paulatinamente se diluya la percepción social de un sistema de justicia como un aparato lejano, poco confiable, tedioso, costoso y tardo. Ello contribuye, asimismo, a que la ciudadanía perciba que el Estado de derecho es efectivo, está al alcance de todos y genera confianza en el sistema de justicia, dado que estos elementos abonan a una sociedad más equitativa y en paz, algo altamente necesario en nuestro país, en el que, según datos del INEGI, solo el 46.7 % de la población confía en el sistema de justicia.

La incorporación de los MASC obliga a los profesionales del derecho a instituir una nueva óptica sobre su práctica y estrategia, así como un nuevo principio rector para dar solución a las necesidades de su cliente. Un abogado es aquel profesional que resuelve problemas, que interviene en negociaciones para alcanzar acuerdos y que es eficaz en su labor profesional. Estos atributos responden a una nueva forma de entender y aplicar el derecho. Lejos ha quedado ya la idea de que los abogados se dedican únicamente llevar asuntos ante tribunales, a litigar, y a mantener una actitud reactiva en situaciones determinadas. Hoy en día, la formación jurídica debe estar orientada a solucionar problemas de una forma rápida, sencilla e integral. Por ello, los métodos alternos de solución de controversias se están incorporando a todas las áreas del derecho; de hecho, en materia de derecho del trabajo, por ejemplo, la conciliación es un requisito obligatorio que debe cumplirse antes de presentar la demanda ante los tribunales. Los medios alternos de solución de controversias ayudan a los abogados a articular una defensa más pertinente e idónea para los intereses de su cliente. Teniendo esto en mente, es fácil definir las virtudes de los MASC: por ejemplo, son menos dilatados que un procedimiento judicial, permiten llegar un espectro más amplio de soluciones, benefician la comunicación entre las partes, son más baratos —las partes ahorran los gastos que implica un juicio—, atienden a los intereses de todas las partes y no solamente a los de la parte ganadora, y los acuerdos y resolutivos son más fáciles de ejecutar.

Desde luego, no se pretende aquí señalar que los medios alternos de solución de controversias son mecanismos «mejores» que el proceso judicial, afirmación que sería inoportuna desde el momento en que ambas vías presentan ventajas e inconvenientes. Pese a que la administración de justicia se ve desbordada por la excesiva judicialización de controversias, en algunos casos los MASC pueden fungir como verdaderos instrumentos para la solución pronta y expedita de las controversias. Mención aparte merece la contribución de la aplicación de este sistema al Código Nacional de Procedimientos Penales (CNPP), en el que, además de poner fin al conflicto penal de manera pronta, los medios alternos también brindan una solución a la controversia penal entre las partes a través de soluciones alternas, ya que el artículo 184 del Código Nacional de Procedimientos Penales establece que existen soluciones alternas —como los acuerdos reparatorios— para resolver los conflictos penales, que logran resarcir el daño sufrido por la víctima, así como el cumplimiento de las obligaciones contraídas en el acuerdo reparatorio que, una vez aprobado por la autoridad competente, extingue la acción penal. Esto supone un cambio de paradigma consistente en el tránsito de la justicia jurisdiccional a la justicia restaurativa y facilita la participación de la población para encontrar nuevas formas de relacionarse entre sí que privilegien la responsabilidad personal, el respeto al otro y la utilización de la negociación en la comunicación para el desarrollo colectivo. Semejantes planteamientos suponen la quiebra del modelo de acuerdo con el cual solo cuando el imputado está preso se hace justicia.

El modelo de justicia restaurativa permite la aplicación de un sistema penal encaminado a la reinserción social del victimario y de la víctima, y este es otro gran cambio de paradigma que nos aproxima a un derecho garantista propio de un verdadero Estado democrático. Por ello, la justicia alternativa constituye todo un reto tanto para la sociedad en general como para los abogados y las autoridades competentes, pues obliga a conocer y aplicar los medios alternos de solución de conflictos en materia penal.

Su finalidad es propiciar por medio del diálogo la solución de las controversias que surjan entre miembros de la sociedad con motivo de la denuncia o querella referidos a un hecho delictivo a través de procedimientos basados en la oralidad, la economía procesal y la confidencialidad. Los acuerdos reparatorios son aquellos a los que llegan la víctima (u ofendido) y el imputado. Una vez aprobados por el Ministerio Público o el juez de control y cumplidos en sus términos, su efecto es la extinción de la acción penal. El artículo 187 del CNPP establece los delitos a los que pueden aplicarse estos acuerdos reparatorios. En este punto, es importante señalar que el Código Nacional de Procedimientos Penales establece que no proceden los acuerdos reparatorios en los casos en que el imputado haya celebrado previamente otros acuerdos por hechos que corresponden a los mismos delitos dolosos. Es decir, para derivar los asuntos a los órganos especializados, las autoridades competentes deben verificar que no hayan firmado un acuerdo por los mismo delitos, y tampoco procede en los casos de delitos de violencia familiar —o sus equivalentes en las entidades federativas— ni cuando el imputado haya incumplido previamente un acuerdo, salvo que haya sido absuelto.

Los acuerdos reparatorios procederán desde la presentación de la denuncia o querella hasta antes de decretarse el auto de apertura a juicio. En caso de que se haya dictado el auto de vinculación a proceso y hasta que sea dictado el auto de apertura a juicio, el juez de control, a petición de las partes, puede suspender el proceso penal por un plazo de hasta treinta días para que las partes puedan concretar el acuerdo con el apoyo de la autoridad competente especializada en la materia. Aun cuando la ley establece que en la etapa de investigación corresponde al representante social derivar el asunto al órgano especializado, mientras que en la etapa de investigación complementaria corresponde hacerlo al juez, algunos jueces ignoran el trámite y los requisitos para realizar la derivación al órgano especializado; desde su primera intervención, el Ministerio Público —o en su caso el juez de control— pueden invitar a los interesado a suscribir un acuerdo reparatorio y explicarles sus efectos siempre y cuando cumplan con los requisitos de procedencia y oportunidad. El plazo para el cumplimiento de las obligaciones suspende el trámite del proceso y supone la prescripción de la acción penal, pero si el inculpado incumple sin causa justa las obligaciones pactadas, la investigación o el proceso —según corresponda— continuará como si no se hubiera celebrado ningún acuerdo. Una vez que los intervinientes acuerdan que se sujetarán a un medio alterno de solución de controversias, el facilitador será el garante de respetar los derechos de los intervinientes y hará una presentación general, explicará brevemente el propósito de la sesión, el papel que él desempeñará, y las reglas y los principios que regirán la sesión. Para que la práctica del medio alterno sea exitosa, es muy importante el respeto a las reglas, a los principios, el cumplimiento de las obligaciones que se adquieran y el respeto a los derechos humanos.

Los medios alternos de solución de controversias están elevados a rango constitucional en el artículo 17 de la Constitución Política de los Estados Unidos Mexicanos, que reconoce el derecho humano de acceso a la justicia y prevé que esta puede ejercerse con su aplicación mediante la suscripción de la firma de un acuerdo reparatorio a fin de reparar el daño y solucionar el conflicto penal. Otra forma de garantía para los que intervienen en la aplicación de los medios alternos de solución de controversias estriba en que, antes de la aprobación del acuerdo, la autoridad competente —el juez de control o el Ministerio Público— verifique que las obligaciones contraídas no resultan notoriamente desproporcionadas, que los intervinientes estuvieron en condiciones de igualdad para negociar y que ninguno de ellos haya actuado bajo condiciones de intimidación, amenaza o coacción. Cuando un acuerdo reparatorio ha sido aprobado por el representante social en la etapa inicial, las partes tienen derecho de acudir ante el juez de control dentro de los cinco días siguientes si estiman que el medio alterno de solución de controversias no se desarrolló conforme a las disposiciones previstas en la materia. El juez determinará la validez de las pretensiones, podrá declarar como no celebrado ese acuerdo y, en su caso, aprobar la modificación acordada. En el caso de no lograr un acuerdo, los intervinientes conservan sus derechos para resolver la controversia mediante las acciones legales que procedan.

Cuando los intervinientes sean comunidades indígenas o personas que no entiendan el español, deben ser asistidos por un intérprete para salvaguardar los derechos de todos los participantes en este mecanismo. A tal efecto, la ley nacional prevé otros derechos, entre ellos recibir toda la información, no ser objeto de presión o de intimidación, ventaja o acción para someterse a un medio alterno de solución de controversias. Aquí juega un papel importante la calidad humana, dado que es importante que no haya un abuso, que realmente el acuerdo se alcance en igualdad de circunstancias y que beneficie a ambas partes. Se trata, en suma, de hacer justicia y de que ese acuerdo sea no solamente eficaz y rápido, sino también justo, independientemente de que no se llegue al mismo ante un tribunal jurisdiccional y que cada quien reciba lo que le corresponda.

Al transitar de una justicia represiva a una justicia restaurativa, la solución de conflictos ha logrado reducir las penas privativas de libertad, evitando así un crecimiento desmesurado de la población penitenciaria, que cumple su condena en un sistema caracterizado por falta de espacio y de condiciones adecuadas, circunstancias que implican la claudicación en los esfuerzos para la reinserción social de los penados. Este aspecto, cabe insistir en ello, es muy importante, porque con estos acuerdos reparatorios se logra despresurizar las cárceles. Por otra parte la justicia restaurativa es una verdadera oportunidad para que los primeros infractores se integren la sociedad sin un estigma carcelario o una contaminación de su conducta, que son el resultado de un sistema de reclusión deficiente y saturado. Así, los medios alternos contribuyen a la construcción una mejor sociedad y benefician a todos, ya que el querellante queda satisfecho al ser retribuido de su daño y el inculpado no cumple pena privativa de libertad, y lo que beneficia a su futuro y formación como ser humano.

Puedo afirmar que la justicia alternativa y sus mecanismos constituye una herramienta que protege y fortalece los derechos humanos de los intervinientes, que es un conjunto de instrumentos que fomentan la cultura del diálogo, la paz, el respeto y la restauración de las relaciones tanto humanas como sociales, que surgen para atender y ayudar a las víctima u ofendidos y a los imputados que asuman voluntariamente su responsabilidad. La voluntad de las partes es determinante en la aplicación de los medios alternos de solución de controversias para generar el diálogo esencial en la solución de una controversia. La implementación de los medios alternos de solución en materia penal propicia la cultura de la justicia alternativa, en la que los intervinientes proponen solución al conflicto penal, reparan el daño cuando sea el caso y contribuyen así a la procuración de una justicia pronta y expedita a través de la participación de las y los ciudadano en la gestión de su conflicto o controversia, lo que permite mayor flexibilidad en el procedimiento, facilita los acuerdos entre las partes y, lo que es más importante, su cumplimiento.

Las sesiones de medios alternos se realizarán únicamente con la presencia de los intervinientes, y en su caso, de auxiliares y expertos si así lo solicitan las partes. Estos medios contarán en todo momento con la presencia de un facilitador que mediará entre las personas implicadas para lograr el entendimiento entre ellos. Desde luego, los medios alternos no son una figura perfecta cuya sola presencia nos van a ayudar a fortalecer la jurisdicción penal mexicana, pero sí redundarán en el fortalecimiento de los derechos humanos y brindarán seguridad y bienestar a la sociedad en su conjunto si son bien aplicados. Los medios alternos de solución de controversias rescatan la idea de que las partes son dueñas de su propio problema y, por tanto, deben de decidir la forma de resolverlo: este es uno de los principales beneficios de los medios alternos. Otra de sus bondades es su capacidad de que el justiciable acceda con celeridad a un proceso barato que puede producir resultados satisfactorios en un tiempo reducido, es decir, su eficiencia en términos de costos y tiempos para litigar, característica que redunda en una importante reducción de los asuntos que son judicializados y que, por lo tanto, resulta positivo porque permite que los asuntos que llegan a judicializarse sean analizados de manera más adecuada.

La principal crítica a los medios alternos de solución de controversias apunta a que constituyen una suerte de privatización de la justicia y que el resultado beneficia a la parte más fuerte. Ello, subrayan los críticos, los convierte en medios peligrosos, ya que se basa en un proceso informal y consensual que puede ser utilizado para incrementar los desequilibrios de poder y abrir la puerta de la coerción y a la manipulación por parte del más fuerte. Nuestra obligación es impulsar el buen funcionamiento de estos instrumentos y, sobre todo, lograr que la dignidad humana sea respetada. Queda mucho por hacer para romper paradigmas en relación con el modo en que la ciudadanía percibe la impartición de justicia. Falta mucho por legislar para asegurar la imparcialidad de los medios alternos y el servicio que brindan a la sociedad, ya que su evolución y perfeccionamiento depende de las necesidades de nuestra sociedad y de los tiempos vertiginosos que vivimos, de ahí que ese perfeccionamiento debe llevarse a cabo sin perder su objetivo, que principalmente es la solución de conflictos con una justicia pronta y expedita. Como sea, puede asumirse desde ahorita que con este sistema hemos construido una ruta que beneficia a la sociedad y contribuye de manera significativa su mejora. Hoy más que nunca, estoy convencida de lo que afirmó Montesquieu: «Nada es justo por el hecho de ser ley, debe ser ley porque es justo».

Capítulo 8

DESARROLLO DEL TALENTO HUMANO EN LA INNOVACIÓN EDUCATIVA

Olga Lidia Sanabria Téllez
Coordinadora de los Centros de Convivencia Familiar del Poder Judicial del Estado de México.

Jaime Alarcón Celis
Director de Carreras Profesionales de la Universidad Mexicana de Innovación en Negocios UMIN.

Mauricio Vega Simón
Asesor en Proyectos Estratégicos para la Educación Superior en Línea.

Sergio Vargas González
Director de Servicios Periciales del Poder Judicial del Estado de México.

IMPLEMENTACIÓN DE PROGRAMAS DE CAPACITACIÓN CON ENFOQUE POR COMPETENCIAS

Olga Lidia Sanabria Téllez

Empezaré con una pregunta. Antes, quisiera señalar que soy la coordinadora de los Centros de Convivencia Familiar y que nos encargamos de supervisar los regímenes de convivencia que decretan las o los jueces cuando mamá o papá no permiten que se realice, ya sea porque no llegan a un acuerdo o consideran que hay factores de riesgo y que es necesaria la existencia de una supervisión. La pregunta es la siguiente: ¿qué hago como coordinadora en este tema educativo? La respuesta es que diseñamos talleres psicoeducativos para padres, niñas, niños y adolescentes. Llevo muchos años de mi vida —quizá treinta— inmersa en el ámbito de la educación y para mí es muy importante, cuando llego como coordinadora y me enfrentó a una circunstancia conflictiva, ver cómo están conformados estos talleres, toda vez que la mayoría de los centros de convivencia familiar desarrollan sus talleres de acuerdo con sus necesidades y de forma autónoma. En todo caso, estoy segura de que hoy el reto son las competencias educativas, tenemos que innovar y trabajar de la mano con quienes laboran y son especialistas en el área, como la Escuela Judicial. Por ello, desde hace cinco años trabajo cordinadamente con la EJEM en este tema, tarea que para mí es un honor. Ahora, ¿cómo vamos a entender estas competencias en mi área? Trataré de explicarlo formulando unas preguntas: ¿quién de ustedes se ha enamorado? o ¿a quién le han roto el corazón? Pues bien, les diré que nosotros trabajamos con personas a quienes les han roto el corazón y que están muy enojadas por ello, circunstancias que generan conflicto. El objetivo de esos talleres es formar a las personas en la adquisición de competencias atendiendo a cuatro dimensiones: saber ser, saber conocer, saber hacer, saber compartir. Dado que tendrán que trabajar con gente conflictuada, es necesario enseñarles a tener competencias personales. En los centros de convivencia familiar del Poder Judicial del Estado de México, hemos apostado por un modelo de reeducación, dado que no basta con supervisar una convivencia, sino que es necesario estimular a las personas para que cambien en beneficio de sus niñas, niños y adolescentes.

En atención a lo expuesto, ¿qué hacemos o qué trabajamos? Con nosotros asisten personas agotadas que se sienten desamparadas, que presentan cuadros de ansiedad y confusión, que manejan situaciones de egoísmo, enojo, ira, intolerancia, duda, rencor y miedo. Entonces dices: «*¡wow!*, eso es lo que viven las y los usuarios de los centros, están molestos y nosotros tenemos que ayudarles». Entonces, diseñar un programa nada más por diseñarlo no le permite a la gente reconstruirse, es necesario educar por competencias educativas que no solamente están concebidas para crear profesionales en ámbitos laborales, sino que también son una pieza clave cuando hablamos de innovación, de nuevos procesos de desempeño, y que tienen que partir del ser humano.

La UNESCO señala que una competencia es un conjunto de comportamientos sociales, afectivos, de habilidades cognoscitivas, psicológicas, sensoriales y motoras que permiten desarrollar adecuadamente un papel, un desempeño, una actividad o una tarea, un ser. Ese es el tema, para nosotros es «un ser» en los Centros de Convivencia Familiar, por lo que trabajamos con la EJEM desarrollando los programas que nosotros elaboramos y la EJEM nos apoya validándolos, complementándolos y mejorándolos. Además, cada taller tiene un cuaderno de apoyo que también es revisado por la Escuela Judicial. Esos cuadernos nos sirven para que, efectivamente, el conocimiento que se está impartiendo pueda ser validado. Preguntaba antes quién no ha sufrido y vivido esos sentimientos de desamor porque la realidad es que, cuando los experimentamos, en la mayoría de los casos no sabemos cómo gestionar nuestros sentimientos, de modo que una parte de nuestra labor es enseñarles a las y los usuarios de convivencia familiar cómo gestionarlos.

Este objetivo ha sido un reto, ya que empezar a trabajar con ellos su duelo, su pérdida, y decirles: «Tú puedes, perdona, por ti y tus hijos e hijas, habilidades parentales, aprende a comunicarte positiva y asertivamente, a escuchar, y a ser tolerante es fundamental en el proceso que están viviendo, de ahí que debamos apoyar la tarea de los Centros de Convivencia Familiar. También contamos con un departamento de apoyo y acompañamiento emocional, donde desarrollamos programas elaborados por competencias y cuyo objetivo es trabajar con la salud emocional, algo que cuesta trabajo en la vida cotidiana porque no estamos acostumbrados a ello. Este objetivo ha representado un desafío y estoy agradecida a la EJEM porque me abrió las puertas cuando solicité que desarrolláramos estos programas por competencias de forma colaborativa para que la gente aprenda a tener una mejor calidad de vida.

Cuando hacíamos talleres nos preguntábamos cómo aprender a comunicarnos asertivamente con los asistentes para comprender sus vivencias. En ocasiones llegan los maestros con diez hojas de lectura y no te dicen qué hacer realmente con esa información; a veces imitamos, es decir, muchos de nosotros aprendemos a comunicarnos imitándonos, pero cuando adquieres un conocimiento adecuado y, además, le enseñas al alumno a moldearlo, trabajarlo y trabajarlo, logras una transformación humana y profesional. En nuestro caso, a través de las competencias y de una comunicación asertiva tratamos de que los asistentes manejen positivamente la ira que sienten, por ejemplo, contra la otra persona o expareja y por eso les enseñamos ejercicios para trabajar, esto es, les enseñas a ser y no solamente les facilitas una lectura o un manual. Los llevas hacia el ámbito de la reflexión para que puedan tener esa calidad de vida que se merecen, y les ayudas a desarrollar competencias para enfrentar su conflicto. Eso lo que hacen los centros de convivencia familiar del Poder Judicial del Estado de México junto con la Escuela Judicial para que podamos construir personas diferentes. A veces me dicen que «todas las personas que llegan a los centros de convivencia son malas» y yo respondo que no es así, que simplemente están enojadas, que están viviendo un proceso que mi interlocutor quizás no entendería porque no está en la misma posición y que la historia de vida de cada uno de nosotros es diferente. Empezamos a trabajar estos programas, que se desarrollaron en conjunto con mi equipo de psicólogas. Además de elaborar los cuadernos de apoyo de los que les he hablado, hemos logrado desarrollar un trabajo colaborativo que nos ha permitido marcar la diferencia. Considero que, para poder crecer, tienes que vincularte con las demás áreas.

Finalmente, voy a explicar que tenemos diecisiete talleres psicoeducativos, trece talleres para padres y cuatro talleres para niñas, niños y adolescentes. Estos últimos se realizan porque los más afectados en un conflicto familiar son las niñas, niños y adolescentes, que, en muchas ocasiones es la población menos atendida. Ellos también necesitan aprender por competencias a gestionar lo que están experimentando en el proceso que viven, a manejar sus sentimientos cuando sus padres pelean, cuando se ven en medio del conflicto o cuando están en un juzgado. En nuestros talleres, trabajamos el duelo, la comunicación asertiva y afectiva, las habilidades parentales, los derechos de niñas, niños y adolescentes y el modo de reconstruirse como niño o niña —un taller precioso—, entre otros temas. Todos estos talleres son realizados por los especialistas de los centros de convivencia familiar en conjunto con la Escuela Judicial, cuyo modelo educativo ha sido nuestro punto de partida. Trabajamos unidos y con objetivos claros para alcanzar nuestras metas.

DESARROLLO TECNOLÓGICO COMO HERRAMIENTA Y SOPORTE

Jaime Alarcón Celis

La innovación no necesariamente tiene que estar ligada a la tecnología. Parafraseando a Einstein, en términos generales la innovación no consiste en hacer las cosas de la misma manera porque de este modo obtendremos el mismo resultado. Por ello, hay que innovar en los procesos, entre ellos el proceso educativo. Hoy en día, las clases no pueden ser como antes. Los jóvenes *millenials* y la generación Z ambicionan adquirir un pensamiento más ágil. Bajo esta premisa, la tecnología puede ayudarnos.

Al fin y al cabo, la innovación consiste en tratar de hacer una actividad cotidiana de una manera diferente para obtener diferentes objetivos —por ejemplo, en el caso de las empresas, nuevos negocios—. Hoy en día, la innovación es algo más que hacer un negocio. Hay diferentes tipos de innovaciones, por mencionar una, la innovación incremental, que va modificándose con el transcurso del tiempo. En el ámbito de la educación tenemos que hacer lo mismo, es decir, mejorando nuestros métodos de enseñanza-aprendizaje a través de modificaciones. La innovación es todo aquello que propone una alternativa a lo que se hace de una determinada manera de tal forma que la alternativa genere un beneficio social.

Todos hemos escuchado hablar de Bill Gates o Steve Jobs. Precisamente, este último realizó una innovación cuando en 2007, se presentó en un foro después de que todas las compañías ya habían anunciado un teléfono celular o inteligente y allí presentó un aparato innovador, además de un teléfono, podía traer música y servicios de internet. La audiencia pensó que iba a presentar tres teléfonos, tres dispositivos diferentes, pero como la mayoría de nosotros sabemos, lo presentó en un solo dispositivo. Eso es innovar y es lo que queremos hacer con el proceso de aprendizaje de los estudiantes.

Para que la innovación sea posible, las personas y las empresas utilizan la tecnología y sus innumerables posibilidades. La tecnología es la base que sustenta y posibilita todo tipo de innovación. La innovación educativa es un proceso que implica un cambio en la enseñanza y que está basada en cuatro elementos fundamentales: las personas, el conocimiento, los procesos y la tecnología. A raíz de la pandemia, a lo largo de estos últimos años nos hemos dado cuenta de que había mucho rezago y que, en consecuencia, mucha gente tuvo que cambiar de actividad o incluso dejó de trabajar —me refiero, específicamente, al sector educativo—. Había gente con veinte o treinta años de experiencia, pero eran profesores clásicos —respetables, por supuesto— que acumulaban todo el conocimiento, pero que cuando les informaron que tenían que dar sus clases a distancia no fueron capaces, ya que aquello suponía un choque generacional. Por tanto, hubo muchas personas adultas que dejaron de trabajar porque no pudieron adaptarse al cambio para transmitir, innovar e impartir su conocimiento con las nuevas generaciones. Por otro lado, había gente joven que era muy hábil con la tecnología a la que se le pedía que abrieran canales *zoom* y en menos de veinte minutos tenían todo listo para dar su clase. Pero, ¿qué les faltaba?, la experiencia y el conocimiento, por eso digo que para innovar es necesario tener el conocimiento. Ahora bien, si queremos que la educación genere un beneficio social, debemos disponer de recursos tecnológicos. Ahí es donde, desafortunadamente, si las instituciones educativas no están ligadas a esta innovación, si no invierten en recursos tecnológicos, no se logra la innovación. Los cuatro actores principales tienen que estar involucrados para que se produzca el cambio: las personas, el conocimiento, la tecnología y las instituciones. Cuando hablo de las instituciones me refiero a que estas también tienen que tener muy claro cuáles son los objetivos que quieren alcanzar. ¿Qué quiero decir con esto? Voy a preparar jueces, ¿pero con qué características? Puedo hablarles de las experiencias que desarrollamos en la UMIN desde hace al menos 5 años —2018— con un proyecto al que denominamos «pagares electrónicos» porque veíamos cómo se estaba moviendo el mundo. Las personas ya no pagaban con dinero en efectivo ni con tarjetas de crédito o débito, sino con su teléfono celular. En otras partes del mundo hoy ya es natural no llevar tarjetas ni dinero: basta el teléfono celular, es suficiente. Esta tendencia no ha llegado a México, pero en el ámbito judicial —específicamente, en la parte de jurisprudencia— es preguntarnos, a semejanza de cuando íbamos a un restaurante y firmábamos un váucher, ¿qué requisitos debe cumplir para que ese pagaré sea válido? Pues tiene que estar firmado. Entonces nosotros lanzamos el proyecto de pagarés electrónicos, que fue aceptado por una institución. Para este tipo de proyectos, siempre establecemos una vinculación, ya sea con el CONACYT o con alguna empresa.

En la UMIN también tenemos una escuela de derecho. Uno de los profesores sugirió: «Podemos lanzar a la par del proyecto una iniciativa de ley». Así es como surgen los proyectos. Lo que quiero decir es que hay muchas técnicas educativas y didácticas, como las que les menciono, que están basadas en proyectos. ¿Pero qué quiero lograr?, por ejemplo, hoy en día, los jóvenes escuchan la palabra *bitcoin* y saben que es una moneda electrónica, pero ¿quién la rige?, ¿cómo están reguladas por las leyes internacionales?, ¿cuántos juristas hay que pueden participar en un proyecto internacional para lanzar una ley? Hay un país en América Latina donde el presidente decidió invertir todo el dinero del pueblo en *bitcoin*, pero, ¿qué seguridad hay de que esa iniciativa sea válida y rentable?

En fin, hoy ya tenemos especialidades como la inteligencia artificial. Antaño, a las personas de mi generación nos mandaban a las bibliotecas, sacábamos resúmenes y síntesis, pero hoy le propones un tema al estudiante y en menos de cinco minutos ya estoy recibiendo el trabajo. Me dicen que «los jóvenes ya no tienen la capacidad de escucha». Entonces es preciso retomar la escucha activa porque, antes de que termine de formular una pregunta, ya me están dando la respuesta, y esto pasa en todas las áreas del conocimiento. Pero es necesario saber analizar, pues estoy seguro de que en las escuelas una técnica didáctica óptima es el trabajo en equipo, como también lo es afuera, en la realidad, y esta aseveración no solamente vale en Toluca, sino también en la Ciudad de México, y no solo ahí, sino también en el país entero y no solo en el país, sino que también en el mundo debemos trabajar en equipo.

Lo que debe hacerse en las universidades es desarrollar la innovación, el trabajo en equipo y, por último, el trabajo colaborativo, sobre todo en el caso de las personas que van a trabajar apoyando a un juez o que van a ejercer como abogados y a defender a alguna persona. Además, es necesaria una cualidad: el compromiso. Todo esto de estar cerca de las necesidades existentes, se requiere allá fuera.

Si queremos que en todos los ámbitos tecnológicos —la medicina, la impartición de justicia, entre otros— nuestro país se desarrolle, todos tenemos que trabajar y hacerlo en equipo. Recuerdo cuando estaba a punto de decidir qué estudiar. Yo ya sabía que iría al área físico-matemática, y tenía compañeros que iban al área físico-biológico —médico— y que decían «yo termino de estudiar y no vuelvo a abrir un libro». Pero eso es una falacia, dado que todas las áreas de conocimiento tienen que seguir enriqueciéndose día a día para que la innovación se dé en todo el ámbito de conocimiento y sea exitosa. Es preciso impartir cursos de tecnología dirigidos a los profesores, así como cursos de certificación en habilidades didácticas. En el ámbito de la tecnología, no basta decir «ya compré un canal *zoom*, ya puedes poner tus diapositivas» porque, en lugar de poner las diapositivas en el salón de clases, ahora las presentó en el *zoom*. Por tanto, debemos ser creativos.

Voy a parafrasear a Einstein, que decía que la creatividad tiene lugar cuando la inteligencia se divierte. Tenemos que divertirnos con los conocimientos de los que ya disponemos y acercarnos la tecnología. Es una herramienta necesaria si la utilizamos bien, en beneficio de la sociedad y de toda la humanidad.

PRODUCTIVIDAD EN LA INNOVACIÓN EDUCATIVA

Mauricio Vega Simón

Quisiera empezar formulando una pregunta: ¿cómo identificamos la innovación educativa? Voy a referirme a innovación educativa porque es parte de este foro, pero quiero que retengan el hecho de que la idea se puede aplicar a cualquier disciplina, entre ellas la tecnológica, en el ámbito del Poder Judicial.

¿Qué ocurre de acuerdo con mi experiencia? Cuando queremos referirnos a la innovación en el ámbito educativo, generalmente pensamos en el implemento tecnológico que vamos a agregar a nuestra universidad o educación superior en general. Primero, debemos estar seguros de que aquellas acciones básicas se desarrollan satisfactoriamente y cumplen los indicadores debidos. Es después cuando debemos apelar la innovación, pero no de manera declarativa o como una imposición.

Hay una relación muy interesante entre el ámbito de la innovación y la calidad humana, que también tiene que ver con este foro, una relación totalmente directa, una interdisciplinariedad. Nosotros somos expertos en algún ámbito del conocimiento —que primero abordamos y luego ya lo pusimos en marcha— y hablamos de la experiencia, pero también hay otros que pueden ayudarnos a tomar decisiones relativas a la dirección hacia la que queremos movernos, que es otra cuestión innovativa: movernos al cambio.

Entonces, ¿qué pasa con la educación? Somos clásicos, nos mandan un implemento tecnológico y ya estamos afirmando que nuestro contexto educativo es muy innovador. Pero no lo es, solo nos estamos engañando. Entonces ¿qué hay que hacer en la educación superior? Es complicadísimo, y así lo califico porque no me dejarán mentir. Soy docente y durante los primeros años tuve que pasar por un aprendizaje, ya que resulta que, en educación superior, a los profesionistas nunca nos enseñaron a dar clases. No conozco la historia de los demás, pero les digo que yo logré estar en la docencia sin haber pensado que iba a ser docente cuando estaba estudiando. Mi asesor de tesis me dijo: «Para que yo te pueda asesorar tienes que venir a las clases, tienes que escuchar mis clases». Fue mi profesor de la carrera, y en una ocasión me dijo: «¿Qué crees, Mauricio?, te toca dar esta clase». Mi sorpresa fue grande. «Profesor, ¿cómo?», pregunté y él me respondió en estos términos: «Pues solo hazlo como has visto que las doy yo, ya tomaste clase conmigo, tú solo sigue». Entonces, ¿qué hacemos los docentes en educación superior —por lo menos en los inicios—, imitamos. Enseño del mismo modo que me enseñaron a mí. Pero eso no tiene nada de innovación.

Cuando nos animamos justamente a pensar cómo mejoramos el aprendizaje de nuestros estudiantes respecto a un trayecto formativo hacia el mundo profesional es cuando innovamos. Primero lo hacemos de forma individual: uno se mueve y rompe paradigmas. Luego la innovación ya forma parte de una academia y del sistema.

Punto número uno: identifico la innovación por cada una de las personas que piensa en cómo mejorar al otro, como en los aprendices con calidad humana.

Generalmente, la *certificación* y *mejora continua* son principios que relacionamos con este cambio hacia la innovación o con las ideas de perfeccionamiento, de ser cada vez mejores, de los valores agregados a la organización. Seguramente, ustedes lo viven a diario, escuchan la frase «tenemos que certificar a la universidad» y todo mundo se clava para certificar. Dado que tiene que haber *trabajo en equipo* los docentes deben incluir en su planeación el aprendizaje basado en proyectos y los docentes nos quedamos sin saber cómo hacerlo: si no lo he vivido, no lo puedo enseñar; si no lo he vivido, no lo puedo hacer. Por lo tanto, nos dicen: «Hay que movernos al cambio».

Seguramente, en la educación superior —sobre todo, en escuelas particulares— se ha escuchado la frase «*somos la mejor universidad*». Sí, pero no basta con que lo digas, debes hacerlo. ¿Qué logramos con este modo de actuar?

Simplemente ponernos nerviosos por el tema de la certificación o la acreditación, por lo que tenemos que establecer ciertos indicadores para que nos digan que estamos bien y acreditados. Pero, ¿cuál es el elemento sustantivo? Yo no puedo llegar a una acreditación o certificación de una universidad y referirme a la innovación si no tengo a mi personal docente y administrativo —es decir, a toda la organización— orientada al éxito, si no son capaces de tomar decisiones, de desarrollar la calidad, de cultivar pasión por lo que hacen. Eso no está escrito, no puede adquirirse en un curso de capacitación. Eso se vive día a día, seguramente como docentes o como alumnos tenemos nuestras propias satisfacciones, y habrá quien —y yo digo que son los vanidosos— corra por el diez para obtener felicidad y satisfacción, pero no sabemos si logra todos los objetivos que tienen que ver con calidad humana. Quizá por ahí está el compañero que siempre anda haciendo bromas que tal vez no es el más efectivo cuando le aplican los exámenes, pero tiene una calidad humana enorme y puedes contar con él. Entonces, cuando los procedimientos de acreditación y certificación se orientan hacia el éxito y la calidad humana, no hay duda de que vamos a desarrollar la innovación.

Finalmente, ¿cómo impulsa la tecnología la calidad humana? Por ejemplo, planteamos la aportación de los juegos a la educación básica: si como docentes logramos desarrollar habilidades blandas en los alumnos —ya las tienen, solo hay que encauzarlas—, lograremos innovar, pero, si continuamos con estructuras rígidas en los planes y los programas de estudios, no lo vamos a lograr. Esa es una de las tareas más complicadas.

¿Qué aprendimos a partir de la pandemia? Como dicen algunos, quizá nos movió al cambio hacia el uso de la tecnología, pero desafortunadamente no estamos obteniendo mucho más, y preferimos el estado de confort de lo presencial, con mi salón, diapositivas y mis evaluaciones, y así todos seguimos adelante. Hay que hacer un esfuerzo más intenso para lograr la innovación en la educación con calidad humana.

EL PERITAJE EN LA EDUCACIÓN JUDICIAL

Sergio Vargas González

Las habilidades de los peritos deben ser muy específicas. No es suficiente que sean expertos en su área —psicología, trabajo social, valuación de bienes muebles e inmuebles, por ejemplo—, sino que deben desarrollar diversas habilidades que deben detectarse a través de un proceso de selección del que voy a hablarles.

Haré un breve relato de la tarea que hemos desarrollando en la Dirección de Servicios Periciales y explicaré su relación con la Escuela Judicial. Hay dos palabras que me han dejado marcado recientemente —una es innovación y la otra evaluación— y que vienen muy al caso con el tema de los servicios periciales, dado que anteriormente no existía un proceso para escoger a los expertos que iban a trabajar en el Poder Judicial. Únicamente se recibían los currículos, se entrevistaba a la persona y, posteriormente, se hacía una capacitación de pares; es decir, los mandaban a terreno con los peritos que contaban con más experiencia y al final se determinaba si se procedía o no a su nombramiento.

Cuando llegamos a la Dirección de Servicios Periciales, inmediatamente empezamos a buscar una manera de encontrar a las personas idóneas para que fueran servidores públicos de esta institución. Es importante mencionar que antes del cambio de los procesos de selección se planteó una reestructuración de toda la Dirección para que pudiéramos supervisar no solamente la cuestión cuantitativa del trabajo de los peritos, sino también la dimensión cualitativa. Debido a su complejidad, esta estructura está en fase de desarrollo y esperamos que en 2023 se consolide.

En el marco de estos cambios sustantivos, modificamos el nombre del área de «Dirección de Peritos» por el de «Dirección de Servicios Periciales», puesto que nuestra prioridad ya no era solo conseguir y asignar a los peritos para las diversas necesidades de la institución —tanto los órganos jurisdiccionales como los órganos administrativos—, sino ir más allá.

Actualmente las labores sustanciales del área se diversifican en: asignación, capacitación, actualización y, en un futuro no muy lejano, certificación y formación de peritos en diversas ramas. Incluso se ha proyectado la presentación de una línea editorial de manuales de práctica pericial.

En el segundo semestre de 2022, comenzamos a innovar con el primer proyecto para seleccionar peritos oficiales en la historia de este Poder Judicial.

En esta innovación destaca que el modelo de evaluación planteado se basa en un modelo por competencias en el que los aspirantes deben demostrar el saber conocer, saber hacer, saber compartir y saber ser. Esta innovación del modelo se logró a través del planteamiento de casos basados en expedientes reales donde se recrearon situaciones que día a día viven los peritos en las materias ya referidas.

La evaluación se realizó a través de instrumentos diseñados y creados expresamente para ello, y fueron aplicados por sínodos de notable experiencia e impecable desempeño profesional en diversas áreas tanto de la jurisdicción como de la administración.

Debe destacarse que el fin de este procedimiento es que los aspirantes acrediten sus conocimientos, habilidades, destrezas y actitudes ante especialistas en la materia bajo una situación real y controlada con la finalidad de convertirse en integrantes del equipo de peritos con los que cuenta nuestra institución.

El primer proceso se dividió en las siguientes fases:

a) Examen escrito de conocimientos. El examen de selección se desarrolló en la modalidad a distancia. Este modelo de examen con reactivos de opción múltiple, la mayoría de cuestionamiento directo (otros: canevá o completamiento, ordenamiento o jerarquización, selección de elementos, jerarquización y excepto), fueron el producto de una metodología rigurosa para su diseño que asegura el control de calidad en el proceso de construcción de los instrumentos.

   La metodología de las pruebas objetivas o estructuradas se fundamenta en la psicometría, específicamente en los denominados *multiple-choice*, que han sido ampliamente investigados por Thomas M. Haladyna y cuyos resultados han permitido generar una metodología pertinente que actualmente se utiliza a nivel nacional e internacional por instituciones de evaluación educativa, entre ellas Ceneval, *International Association for the Evaluation of Educational Achievement, American Psychological Association, Educational Testing Service, The Joint Committee on Standars for Educational Evaluation* entre otras;

b) Posteriormente, se aplicó un examen de conocimientos prácticos para el que se tomaron casos reales y que consistió en la simulación de valoración (sociodrama) y la elaboración del dictamen pericial. Los comités de sinodales integrados por magistradas y magistrados, juezas y jueces, y peritos destacados evaluaron el desempeño de los candidatos;

   Se diseñaron cuadernos con documentos simulados de aceptación y protesta del cargo, cuestionarios de las partes, consentimiento informado, propuesta de estructura del dictamen y se proporcionó a los sínodos una hoja de evaluación con su respectiva lista de cotejo. Cada lista de cotejo se diseñó según la materia (psicología, grafoscopía, valuación, etcétera);

c) Examen oral de conocimientos teórico-prácticos. Esta prueba consistió en la réplica, con cada uno de los integrantes del sínodo integrado también por magistradas y magistrados, jueces y juezas y peritos de la institución, sobre los conocimientos teóricos o su aplicación a casos concretos. Se diseñó la metodología: una rúbrica socioformativa y cuadernos de apoyo de cada materia para los evaluadores;

d) Estos exámenes se complementaron con una evaluación de idoneidad para el puesto, realizada por un área distinta; y

e) Un examen de perfil profesional, consistente en una entrevista realizada por una consejera o consejero de la judicatura.

Sin embargo, en la selección de peritos de 2021, un proceso en constante evolución e innovación, se desarrolló un nuevo modelo de selección al que denominamos «simplificado». Se buscó principalmente:

- Contar con un procedimiento de evaluación eficiente y eficaz para la incorporación de nuevos peritos.
- Obtener los mejores perfiles para la incorporación de nuevos peritos.
- Acortar los tiempos de evaluación en contraste con el procedimiento por invitación hasta entonces vigente.

Fases del proceso:

a) Evaluación de perfil: Se llevó a cabo por la Dirección de Servicios Periciales del Poder Judicial del Estado de México de forma cualitativa, a través de una serie de preguntas abiertas que se consideraban importantes, respaldadas por un cuestionario especializado diseñado por un psicólogo bajo el perfil de perito que se busca en el Poder Judicial en el Estado de México.

b) Evaluación de idoneidad: Esta evaluación depende de la Dirección de Remuneraciones al Personal, que tiene a su cargo, a través de una subdirección, la aplicación de baterías enmarcadas bajo el perfil de la función que desarrollan los peritos de la institución.

c) Evaluación de competencias laborales: Las competencias laborales se evaluaron para identificar las habilidades del aspirante a perito en el campo profesional de desempeño de los procesos jurisdiccionales. Por ello se plantearon casos prácticos a fin de que los aspirantes pudieran elaborar el dictamen correspondiente.

d) Etapa de integración final: Para integrar los resultados finales, la Dirección de Servicios Periciales forma un expediente por participante con la finalidad de que, cuando esta sea turnada al Consejo de la Judicatura, se encuentre completa para su consideración en la realización de las entrevistas.

e) Entrevista Consejo de la Judicatura: Se envían a la o el consejero correspondiente los expedientes de los candidatos que han aprobado las fases previas para realizar una entrevista.

Estos procesos eventualmente serán aplicados por la Escuela Judicial, como se hace con las categorías jurisdiccionales, dejando únicamente en manos de la Dirección de Servicios Periciales los insumos para la elaboración de los casos, los reactivos, etcétera.

Por otro lado, conviene resaltar el futuro de la relación entre los servicios periciales y la Escuela Judicial: estamos planteando diversos escenarios educativos para los peritos institucionales y, por supuesto, para los peritos externos.

Por ejemplo, la institucionalización de una especialidad y una certificación en grafoscopía, documentoscopía y dactiloscopía bajo estándares nacionales e internacionales; la creación de certificaciones en diversas materias como psicología forense, la valoración en psicología forense por medios electrónicos, una herramienta, por cierto, que ya está en fase de aplicación —tenemos más de seiscientas valoraciones concluidas y quinientas treinta en proceso de realización—; en este proyecto se impartió un curso de capacitación para jueces, servidores judiciales de órganos jurisdiccionales y por supuesto, para los peritos psicólogos de la institución; el curso se realizó de manera virtual a través de las plataformas institucionales y, entre otros módulos impartidos, se abordaron temas como las competencias digitales, las competencias laborales y la ética. Asimismo, se realizaron laboratorios de prácticas en los que, de manera simultánea y remota, se hicieron los ejercicios de valoración psicológica asesorados por los instructores.

Para el futuro inmediato, estamos en el proceso de creación de una línea editorial de manuales de práctica pericial a través de la Dirección de Investigación realizada en colaboración con la Escuela Judicial.

Con estos manuales, pretendemos acercar la labor del perito no solo a los órganos jurisdiccionales, sino también al público en general, pues están redactados con un lenguaje sencillo, a pesar de que el contenido es eminentemente científico. El primer manual ya está en fase de revisión y versa sobre psicología forense aplicada a algunos de los temas más relevantes de las familias en conflicto. El planteamiento general es disponer de un manual para cada materia en que se cuente con un perito oficial.

Finalmente, cabe subrayar que todos estos proyectos integrados en uno solo reflejarán el planteamiento del magistrado presidente: que los peritos institucionales sean formados en casa, tarea que corresponde fundamentalmente a la Escuela Judicial.

Con estas acciones llevaríamos a lo más alto el nivel de profesionalismo de los peritos, pues no solo ofreceríamos al ciudadano del estado de México expertos formados bajo los más altos estándares nacionales e internacionales, sino también al país en general porque abriríamos cursos, talleres, capacitaciones, especialidades y certificaciones para todos los peritos en general.

Capítulo 9

DESAFÍOS DE LA JUSTICIA INCLUSIVA EN LA FORMACIÓN JUDICIAL

Vicente E. Díaz de León Acosta*

Este tema, que constituye un desafío para la formación judicial, no es tan añejo. En realidad, es el desdoblamiento de la cuestión de la justicia social en el concepto de justicia de inclusión. Se trata, desde luego, de un tema novedoso en la sociedad encuadrado en los fenómenos y factores que generan cambios profundos en la concepción del ser humano y de este en la sociedad. En cuanto sociedad, no hemos logrado la solución de ciertos fenómenos negativos previos. Sin embargo, ya se están presentando otros nuevos que tenemos que atender. Por eso, las instituciones, entre ellas el Poder Judicial, tienen que evolucionar a mayor velocidad. En nuestra sociedad todavía subsisten muchos prejuicios y estereotipos. Hay desigualdades culturales, económicas y educativas que aún no hemos comprendido con la profundidad y la velocidad requeridas. La cuestión fundamental ya no es la igualdad, porque para hacer frente a estas desigualdades —que, además, producen discriminación— el principio ahora es, el de *equidad*.

¿Qué significa la equidad en la justicia inclusiva? La equidad consiste en entender las debilidades y las vulnerabilidades de muchos grupos sociales o de los integrantes de estos. Nosotros ya lo hemos hecho, ya tenemos protocolos sobre los niños, las mujeres, la violencia intrafamiliar, la violencia contra las mujeres, la discriminación hacia grupos indígenas, que, de alguna manera padecen no uno, sino varios factores de discriminación —también llamada *discriminación transaccional*— que generan un estatus de vulnerabilidad.

Todo el cuerpo normativo, es decir, el orden jurídico, ha experimentado y seguirá experimentando cambios porque el derecho es como la vida misma. El derecho pretende ordenar, conducir al ser humano hacia una convivencia social adecuada, de tal manera que, ante la aparición de uno u otro factor

* Maestro en Amparo y en Ciencias Penales por la Universidad Tepantlato. Licenciado en Derecho por la Universidad Nacional Autónoma de México.

—miles de ellos—, el orden jurídico seguirá caminando. Esperemos que sea para bien, porque, recordémoslo, la justicia y el derecho no siempre coinciden. La primera es un valor subjetivo, mientras que el derecho es un cuerpo sistematizado de leyes y otras disposiciones. Así, también el Estado ha necesitado diseñar políticas públicas no solo en materia jurídica o de formación —que es fundamental—, sino también en áreas más diversas, por ejemplo, las políticas de la Comisión Nacional de Derechos Humanos. Nos hemos subordinado a ciertos instrumentos internacionales como la Comisión Interamericana de Derechos Humanos y los documentos que generan, de esta manera hemos avanzado lentamente.

Sin duda, todos conocemos los estereotipos que se van generando culturalmente —y quizás los hemos sufrido—. Algunos derivan de la violencia, de las relaciones de poder interhumanas, y no me refiero solo al poder político en un contexto de desigualdad estructural. Muchos mexicanos se encuentran en situaciones de pobreza, algunos tienen capacidades diferentes, también influye en la discriminación la pertenencia a un sexo o género, por no hablar, hoy por hoy, de la orientación sexual de cada individuo. Muchas veces estos factores han generado discriminación, vulnerabilidad y conculcación del ejercicio de derechos. Por eso, decía yo, la igualdad ya no es suficiente. En este momento es importante comprender estas vulnerabilidades para —en este caso específico, dentro de los protocolos o dentro de la actuación de todos los operadores del sistema de justicia— tratar de abordarlas a través de la equidad. De no lograrlo, siempre pervivirán las deficiencias o insuficiencias y siempre habrá vulneraciones totales o parciales en el ejercicio de los derechos humanos de ciertas clases de individuos.

Diversos organismos internacionales como la Organización de las Naciones Unidas (ONU), la Organización de Estados Americanos (OEA), la Comisión Interamericana de Derechos Humanos (CIDH), la Comisión Económica para América Latina y el Caribe (CEPAL), la Organización para la Cooperación y el Desarrollo Económico (OCDE), entre otras, han hecho hincapié en la necesidad de que todas las personas, sin importar su raza, condición social, sexo, género, educativas y culturales, tengan una vida digna en un ámbito donde se respeten sus derechos humanos sin discriminación y con apego a la legalidad y la justicia.

Por eso, decíamos, la falta de equidad debe ser considerada una violación de los derechos humanos y tenemos que asumir la convicción de que este valor o principio debe ser una constante efectiva y permanente, y de que el acceso a la justicia, es decir, el derecho a acudir a un sistema previsto para las soluciones o resoluciones de conflictos de acuerdo con los principios, es una garantía de que nuestro Estado de derecho lo asegura debidamente. Por eso digo yo, sin duda, no solo debemos generar los conocimientos técnicos y jurídicos requeridos para ejercer la función jurisdiccional —que, desde luego, son importantes—, sino también promover una evolución cultural orientada a que todos entendamos que los nuevos fenómenos sociales no deben provocar desventajas e incapacidades a la hora de ejercer nuestros derechos. La institución de impartición de justicia deberá considerar que la capacitación y formación de sus integrantes es la vía más adecuada para dar solución a esta preocupación social.

De acuerdo con el Instituto de Investigación en Derechos Humanos, cuando se habla de la «justicia diferenciada para personas migrantes, adultos mayores o personas con capacidades especiales, estamos diciendo que los operadores de justicia deben razonar e interpretar teniendo en cuenta un sentido de justicia equitativa y acción afirmativa en cualquiera de esos escenarios». Ahí radica —creo yo— la importancia de la justicia equitativa. Para satisfacer esta demanda social, la justicia inclusiva con equidad, los operadores de justicia no solo deben tener los conocimientos técnicos jurídicos sobre los protocolos de actuaciones especiales que ya existen, sino también percibir, en términos culturales, que estos están vinculados a una realidad en la que todos tenemos la obligación de incidir; por ello, es importante el análisis y comprensión de la diversidad de las circunstancias en la que se desenvuelven los grupos sociales, así como la priorización de los grupos vulnerables ya mencionados.

México no solo es signatario de diversos convenios e instrumentos internacionales: también en el ámbito doméstico ha generado sus propios instrumentos que pretenden subsanar estas deficiencias.

Como todos ustedes saben, es entendible que tanto la producción como la aplicación del derecho requiere la asistencia de otras disciplinas —los operadores de las instituciones de profesionalización olvidan los principios y conceptos básicos y se centran en los especializados, así como que la norma es un producto social—, entre ellas la sociología, la antropología, la estadística, la economía y, desde luego, la biología, entre otras, para construir definiciones prácticas y eficaces. En una realidad social que es, por cierto, lacerante para los grupos vulnerables, no es suficiente pensar y generar teorías filosóficas. También tenemos que encontrar instrumentos e instituciones capaces de sostener ciertos principios protectores que permitan que determinados atributos del ser humano, así como sus derechos, libertades y capacidades, puedan hacerse efectivos en la dinámica social de una manera sana y propositiva, es decir, justa.

En este caso, por ejemplo, los protocolos de actuación deben ser la cristalización del análisis de las vulnerabilidades. El segundo paso debe ser la difusión de esos protocolos, dado que la experiencia nos ha mostrado que no podemos ejercer los derechos que no conocemos. En este sentido, sugiero que no se deje de lado la sociología, ni las nociones sobre introducción al derecho.

Tras las modificaciones constitucionales en materia de derechos humanos, las instituciones han tenido que dejar atrás paradigmas, estereotipos y patrones históricamente válidos de acuerdo a la conciencia social para dar paso a un desafío permanente, un reto consistente en concebir nuevas fórmulas para entender a nuestra sociedad y sus integrantes. Sin duda, este devenir es transitorio: el anhelo de disponer de un sistema de impartición de justicia actual, actuante y propositivo no podrá estar alejado de la formación y la actualización de los operadores del sistema de justicia. Necesitamos tener la convicción de que quienes imparten justicia tienen, además del poder de desarrollar conocimientos técnico-jurídicos, la obligación de estar atentos al devenir de la sociedad y a fenómenos como la violencia o el empoderamiento de las mujeres.

El reto que enfrenta el Poder Judicial en el Estado mexicano es el de proporcionar a los jueces capacitación y formación de calidad en los temas de justicia inclusiva que nos ocupan. En su ámbito de competencia, la Suprema Corte de Justicia de la Nación ya reconoce una diversidad de valores que han sido superados por una realidad socio-económico-cultural profundamente dinámica. Después de identificar estereotipos, prejuicios y prácticas tradicionales, el siguiente paso nos ha llevado a la adhesión —de manera soberana—, a diversos instrumentos internacionales como la Convención sobre la Eliminación de Todas las Formas de Discriminación contra la Mujer, a la Convención Interamericana para Prevenir, Sancionar y Erradicar la Violencia contra las Mujeres, por mencionar tan solo algunos.

Como he señalado anteriormente, es necesario identificar estas vulnerabilidades, esas desigualdades que genera la evolución de la sociedad. Necesitamos identificarlas para que, tomando en consideración la experiencia del día a día, podamos diseñar manuales de actuación y protocolos que satisfagan la necesidad de equidad en el sistema de impartición de justicia. Al respecto, hay manuales como los que ha publicado la Suprema Corte de Justicia de la Nación en el ámbito federal. Es importante visualizarlos:

- Justicia y Personas con Discapacidad.
- Perspectiva de Género en Materia Familiar.

- Perspectiva de Género en Materia Penal.
- Perspectiva de Género en Materia Laboral.
- Derechos Humanos y Prueba en el Proceso Penal.
- Efectos de los estereotipos en la impartición de justicia.
- Justiciabilidad de los Derechos Económicos, Sociales, Culturales y Ambientales (DESCA), tomos I y II.
- Prueba Pericial.
- Razonamiento Probatorio.
- Desplazamiento interno.
- Justicia penal para adolescentes.
- Desaparición de personas.

También hay que contar con la perspectiva de los convenios y tratados firmados con instituciones internacionales y nacionales —la ONU, la OEA, la CIDH, la OCDE, entre muchas otras— para que puedan mejorar los esquemas de justiciabilidad en México.

Por otro lado, en Jalisco y en la Ciudad de México se crearon las primeras escuelas judiciales en 1983 y 1985 respectivamente. Tras la reforma constitucional en 1994, en México se instituyeron las escuelas judiciales —por tanto, de la carrera judicial—, instituciones vinculadas a los consejos de la judicatura, órganos colegiados de administración, vigilancia y disciplina de los órganos judiciales cuyos principios fundamentales son la excelencia, la objetividad, la imparcialidad, el profesionalismo y la independencia.

Estos cambios obedecieron a un diagnóstico —en el que siempre se buscan nuevas visiones y metodologías— que toma en consideración la transversalidad de conocimientos y las competencias generales señaladamente incipientes, dando en ese momento, de manera conclusiva, que esta situación fuera demeritoria para las escuelas judiciales de quienes están subordinadas las competencias efectivas, así como el verdadero y real conocimiento de los funcionarios judiciales. Desde luego, debemos entender esta situación como el inicio de un proceso que puede ser perfeccionado de manera sistemática y gradual en el futuro. La integración de los poderes judiciales de los estados —y, sin duda, también en los demás ámbitos— debe inspirarse en un programa axiológico en el que los valores morales, éticos, estéticos y hasta espirituales formen parte de su propia teoría del valor que torna necesaria la generación de una nueva mentalidad judicial adaptada al presente.

Las juezas, jueces y demás integrantes de los poderes judiciales deben estar compenetrados en esta lucha frontal. La justicia inclusiva implica la integración e inclusión de grupos sociales vulnerables a través de la extensión y protección de sus derechos. Este es el gran desafío que, a su vez, está integrado por una serie de desafíos subyacentes. Por ejemplo, la formación judicial deberá reconocer en sus temáticas la importancia de otras disciplinas que nos permitan robustecer los principios y valores vinculados al ejercicio de la función jurisdiccional —entre ellas, la sociología, la psicología y la psicología social— con el propósito de adquirir conciencia y conocimiento de las condiciones en que se desenvuelven los grupos vulnerables.

Se trata, pues, de generar normas en las que las diferencias —sobre todo, aquellas que generan vulnerabilidad— estén presentes en el sistema jurídico y en los afanes de la administración de justicia. En ocasiones, no solo no somos conscientes de la vulnerabilidad —aunque a veces la experimentemos—, sino que está oculta porque se naturaliza. Es un reto que, como sociedad tenemos que comprender y combatir con una visión de solidaridad y empatía. Los institutos de formación profesional están comprometidos con la realidad objetiva de la sociedad de tal manera que no solo acogen las funciones de educación transversal, sino que también atienden el fenómeno social, que se comprende a través de un análisis, de una reflexión, de un *momentum compulsivum* que impulsa a la sociedad para ser mejor.

El reto de la formación no solo depende de los institutos de formación profesional, sino también de la convicción de todos los sujetos que intervienen en la formación judicial y asumen la aspiración de lograr la justicia inclusiva. Uno de los grandes desafíos que se nos plantea es la generación de cultura, una visión objetiva que reconozca las vulnerabilidades de los grupos a través de las capacidades técnico-jurídicas.

El sistema de la carrera judicial está regulado en el artículo 100, párrafo sexto, de la Constitución Política de los Estados Unidos Mexicanos. La reforma de este precepto fue publicada el 31 de diciembre de 1994 en el *Diario Oficial de la Federación*, y prevé que el sistema se regirá por los principios de excelencia, objetividad, imparcialidad, profesionalismo e independencia con el objetivo de profesionalizar la impartición de justicia. A partir de ese momento, las diversas concreciones de estos principios generales como los institutos de la judicatura, los institutos de estudios judiciales, los centros de formación judicial y desde luego, las escuelas judiciales, surgieron con el propósito, ya se ha dicho, de profesionalizar el sistema de impartición de justicia. Así, la selección o ingreso, la formación y la promoción, basada en la permanente capacitación y actualización, es la principal vertiente de apoyo al servidor público específico que quiere y que requiere cumplir nuestro compromiso social.

Otros desafíos serían los siguientes. En primer lugar, que los conocimientos antes mencionados puedan convertirse en instrumentos normativos —entre ellos, protocolos y otras normas de actuación aplicables por los diversos servidores públicos e integrantes del sistema de impartición de justicia—. En segundo término, que el conocimiento y el reconocimiento de los derechos humanos permitan resolver los casos jurídicos con el apego a los mismos, de tal forma que redunde en un acceso de todos a una justicia plena. Finalmente, que se reconozca la situación de vulnerabilidad de ciertos grupos cuyas condiciones sociales se deben a razones económicas, culturales, de raza o de género, entre otras circunstancias.

Capítulo 10

LOS DERECHOS HUMANOS Y LA LUCHA CONTRA LA DISCRIMINACIÓN

Laura Zaragoza Contreras*

Decía Manuel Ovilla Mandujano que, para hablar sobre la historia de los *conejos*, «primero hay que ponernos de acuerdo en qué es un conejo, porque a lo largo de la historia, puede brincar una liebre y la damos buena por conejo». En este orden de ideas, primero debe señalarse qué es la discriminación, cuyo concepto tomé de la página del museo *Memoria y tolerancia*, y que, considero, es un espacio legitimado para hacer una propuesta:

> Discriminar consiste en dar un trato desfavorable e injusto a otra persona o grupo, generalmente por su origen, identidad o forma de vida. Producto de la ignorancia, del miedo y de la intolerancia.

Quisiera hacer aquí una aclaración. Cuando hablo del producto de la ignorancia, me refiero a la falta de conocimiento. También se dice en *Memoria y tolerancia* que la discriminación surge cuando dejamos que nuestros prejuicios materialicen ese rechazo, y creo que eso es interesante, porque entonces ya somos portadores de una carga, que es la que también nos condiciona porque esta discriminación ataca la esencia del ser humano. Quizá ya lo normalicé, ya lo introyecté, no me doy cuenta, pero también estoy discriminando y vulnero derechos por el simple hecho de que alguien sea quien realmente es.

De acuerdo con la Comisión para la Igualdad de Oportunidades para el Empleo, si hablamos de discriminación, la más frecuente es la discriminación motivada por edad. Le siguen la discriminación por razón de discapacidad, la remuneración, el acoso, el origen nacional, el embarazo, la raza/color, la religión, el acoso sexual y la orientación sexual (discriminación por identidad de género).

---

* Doctora en Ciencias Sociales y Políticas por la Universidad Iberoamericana. Maestra en Derecho por la Universidad Autónoma del Estado de México. Licenciada en Derecho por la Universidad Nacional Autónoma de México.

¿Por qué dejé el sexo para el final? Porque si hablamos también de sexo, estaríamos hablando de discriminación por identidad de género y, para no crear confusiones, quiero que empecemos por hablar de *qué es el conejo* y evitar que se nos vaya a meter una liebre. Por ello, vamos a introducir algunos conceptos en contexto:

- Si yo hablo de **sexo,** estoy hablando de que, el día en que yo nací, mi mamá llegó al hospital y la pasaron a la sala de urgencias. Un médico la atendió y sacó al bebé, abrió las piernas del bebé, si hay pene y testículos, dijo, es niño, si no los hay, es niña. Aquí partimos de una premisa: el sexo es una asignación visual a partir de una característica de índole biológico.
- La **identidad de género** es un tema totalmente diferente, dado que la identidad de género se define a partir de la respuesta de cada persona a la pregunta: ¿Y cómo me percibo yo?, ¿cómo me identifico?, ¿soy hombre o soy mujer? La identidad es incuestionable, dado que define cómo me estoy sintiendo, que es lo que yo pienso de mí mismo o misma.
- La identidad de género no es lo mismo que la **orientación sexual**. A través de la pregunta y de la respuesta correlativa, la orientación sexual da respuesta a las preguntas: ¿Con quién me siento mejor en una relación afectiva?, ¿con un hombre o con una mujer? Es decir, la orientación sexual define o identifica con quién me siento más a gusto entregándole mi afecto.
- Ahora bien, la **expresión de género** va a ser una manifestación externa, y se diferencia de la orientación sexual, ya que esta es interna y responde a la pregunta: ¿Cómo me presento yo en sociedad?, ¿cómo me presento ante a los demás?

Con base en lo expuesto, podemos llegar a una conclusión. En el caso de las personas **cisgénero**, el sexo asignado al nacer —el de orden biológico— y su identidad de género coinciden. Yo nací, me asignaron el sexo femenino, es decir, soy mujer, me siento mujer y me conduzco como mujer, mi asignación biológica coincide con todos los demás rubros, pues me visto como mujer, hablo como mujer y me presento como mujer. Anteriormente, se nos decía que las mujeres no hacían determinadas cosas, que las niñas se inclinaban a ciertos gustos y hábitos, de modo que de ahí vamos adoptando los patrones y los roles.

Ahora debemos señalar que el término **transgénero** es diferente —opuesto a cisgénero, donde, como hemos visto, todo coincide—. En el caso de una persona transgénero no existe tal coincidencia. Hay que aclarar, en todo caso que transgénero es diferente a **transexual**, dado que el primero hace referencia al género y el segundo al sexo.

Resta hablar de los **no binarios**. Dicen que a los abogados les gusta tener todo bien claro, que les den las características y demás especificaciones. En este caso, no hablaré de todas, pero sí haré referencia a ocho especies que pueden incluirse en la categoría de los no binarios:

- Una persona **bigénero** es aquella que se identifica con ambos géneros en forma ocasional o permanente, o bien que pueden fluctuar entre ambos. No debe confundirse con el bisexual, ya que este término hace referencia al aspecto afectivo, a la orientación sexual, pero no al género.
- Una persona **polisexual** es la que siente atracción emocional y afectiva hacia más de un género, pero no hacia todos. Aquí la selectividad sí es importante. Hay categorías a las que les importa el sexo y otras que conceden importancia al género.
- Por ejemplo, un **pansexual**, siente atracción por los seres humanos, sin importar su género o su sexo. Le atraen solo los seres humanos, no solo géneros o sexos. Les seduce la inteligencia y las personas le atraen por su trato.
- Un pansexual no es lo mismo que un **omnisexual**, que son aquellas personas que sienten atracción por todos los géneros. Se diferencian de las personas pansexuales porque, para ellas, el género sí forma parte de la atracción que puedan llegar a sentir hacia otra persona.
- Por otro lado, el denominado ***cyborg*** **(ciberorganismo)** es una categoría reciente que manejan algunos seres humanos a los que tuvieron que agregar alguna parte tecnológica a su cuerpo. Entonces la incorporaron, la hicieron suya, por lo que sostienen que no son totalmente humanos, sino que tienen una parte tecnológica incorporada y que eso los hace diferentes.
- También existen los **agénero**, que son aquellos seres humanos que tienen un género indefinido que no se identifica con ninguno de los que conocemos actualmente.
- Esta categoría es diferente a los **transespecie,** que son aquellas personas que dicen no sentirse totalmente humanas, sino más bien como animales, por ejemplo. Algunas de ellas optan por realizar cambios en sus cuerpos para ajustare a la especie que dicen ser.
- Por último, también mencionar a una de las categorías más recientes, que son los **géneros fluidos**. Se trata de seres humanos que, por tem-

poradas, pueden sentirse hombre, después, en otra temporada, como mujer o viceversa, pero también pueden sentir que no se adscriben a un género particular o quizá a los dos de forma simultánea.

Ustedes podrían preguntarse si todo esto es aplicable al estado de México, y es preocupante que lo ignoremos. Quisiera comentarles que durante el año pasado el INEGI hizo un estudio donde determinó que, a nivel nacional, un 5.2 % de la población pertenece a la comunidad LGBTTTIQ+ y que en el estado de México, la página oficial del Gobierno estatal señala que el 10 % de la población pertenece a dicha comunidad. Es decir, si vamos a hablar de discriminación, el primer punto de arranque es que los estoy discriminando si yo no sé con quién estoy tratando, por lo que lo primero que me interesa saber es quiénes son los actores sociales aquí en el estado de México. Quizá piensen que es un porcentaje muy alto, y yo no sé qué tanto tengamos que manejar un margen, porque en 2018 el INE llevó a cabo la Encuesta Infantil y Juvenil y el 2 % de los jóvenes menores de 15 años, es decir, de los niños con los que se trabajó, afirmaron que se sentían identificados con un género distinto al que les correspondía según el sexo asignado al nacer. Aquí la primera pregunta sería: ¿Cómo está conformada la sociedad mexicana y la sociedad mexiquense?

Yo creo que la sociedad siempre ha permanecido igual. La cuestión es que ahora, con la constitucionalización del derecho y la regulación en el ordenamiento jurídico, los jóvenes se saben titulares de derechos y esto empieza a visibilizarse de una manera más clara, lo cual me parece adecuado porque de este modo podemos brindar un trato igualitario y discriminar menos. En este caso, considero que la constitucionalización del Derecho de familia nos lleva al análisis de muchos rubros, de modo que abordaré someramente el tema de la filiación. Cuando fuimos a la escuela —excepto los más jóvenes que ahora están por allá—, nos decían que la filiación es esta relación entre el padre y el hijo y que, para nosotras, las mujeres, una prueba irrefutable de la maternidad era el parto. Todos estábamos de acuerdo, pero ahora, con la realidad cambiante, debemos pensar en las nuevas parentalidades. Pondré un ejemplo:

Yo, mujer homosexual, me casé con otra persona de mi mismo sexo. Mi esposa y yo decidimos que queríamos tener un bebé. Había dos escenarios, el primero, ir a un banco de esperma y el segundo ir con un amigo que es muy querido por las dos. Entonces mi óvulo ya fecundado se lo van a poner en el vientre a mi esposa, y, por tanto, el bebé al que ella va a dar a luz, no tiene su carga genética. Pero cuando llega el momento de la separación, voy al Poder Judicial y afirmo que «esa mujer es una embustera, porque el niño es mío». Evidentemente, una pericial en materia genética determinará que solo tiene mis genes.

Pero entonces hoy en día, una de las nuevas figuras que encontramos a partir de la incorporación de derechos al derecho de familia son los padres sociales o bien las parentalidades múltiples. Tenemos que ir monitoreando estas nuevas parentalidades y, gracias a las acciones que vaya implementando el Poder Judicial, ir recogiendo la experiencia de las, los y les juzgadores a efectos de documentarles y darles seguimiento.

Ustedes se preguntarán: «Por favor ¿parentalidades múltiples?», y yo les diría: «¿Y qué pasó con la sentencia del poliamor?», ¿por qué resolvió de esa manera un tribunal federal en materia de poliamor? Se trata de una sentencia otorgada a una persona que fue a promover bajo el entendido de que no podía ser discriminada por razón de sexo y orientación sexual, asimismo, considerando, además, que hay personas a quienes les gusta tener relaciones solo con otra persona, pero él era de los que las prefería mantenerlas con dos personas; los tres eran adultos, había conocimiento y consentimiento, y entonces: «Tú, legislador, no tienes que venir a decirme cómo deben ser mis preferencias sexuales». Yo diría: «¿Por qué nada más dos o por qué nada más tres?, ¿por qué no cuatro?, y siendo la cantidad que sea, ya casados, si deciden tener un hijo, ya es un hijo de matrimonio, entonces ¿es hijo de los cuatro? El problema vendrá si tiene lugar el divorcio o si incorporan a uno más, o si a través del divorcio eliminan a uno. Es cierto, me parece que aquí empezamos a tener formas más complejas, tan complejas como nuestra sociedad.

Aquí viene otra pregunta: ¿regulamos o no regulamos? Porque después de lo que he señalado, creo que tenemos un Código Civil del Estado de México obsoleto, que corresponde a la época de un Estado legal, que no coincide con un Estado constitucional, en el que la percepción y el abordaje de todos estos problemas es totalmente diferente. Creo que en esta relación que les mencionaba de la filiación ya no solo basta estar ligados por un nexo biológico, ya no va a ser suficiente. Ahora —por ejemplo, en el caso que les planteaba de las esposas— otra de las figuras que estamos incorporando es la voluntad procreacional, es decir, existía la voluntad de procrear —como en el caso de las parejas del mismo sexo— y después una parte no puede decir que no era suyo. También en este caso, cuando existe la adopción del hijo del cónyuge, la perspectiva de abordaje va a ser totalmente diferente, y también va a ser diferente el reparto de las cargas familiares porque aquí habría que situarla frente al interés superior del niño. No va a ser suficiente abordar un asunto desde los derechos humanos, sino que también tendremos que revisar las fuentes del derecho y elevarlas a rango de principios.

¿Se regula o no se regula? o ¿quitamos toda la parte de familia del código civil y que se regule de manera diferente? o, de plano, ¿no regulamos nada?

Si nosotros hablamos de igualdad y no discriminación, seguramente estamos hablando de nuevas regulaciones, en las que, además, uno de los puntos centrales es el juzgador que debe entender perfectamente que, en esta nueva forma de abordaje, hoy en día no vamos a encontrar la respuesta a estos problemas en el ordenamiento jurídico. Si yo quiero ver toda la cuestión del poliamor en el código civil, no la voy a encontrar. Quizá hay legislaciones de algunos estados que pueden haber incorporado algunas modificaciones. Tal es el caso del código de la Ciudad de México, que es mucho más avanzado.

Creo que aquí habría que hacer revisiones. Por ejemplo, ¿dónde quedan ahora los derechos personales frente a la autonomía de la voluntad?, ¿dónde queda uno y dónde queda el otro?, ¿cómo va a abordar la cuestión el juzgador? Porque será aquí donde se va a retomar la importancia de la argumentación, hoy en día vamos a tener que atribuirle ese peso para ver qué es lo que se está ponderando, cómo se ponderó y, además, cómo se está evaluando, cómo argumentó para ver la conclusión a la que llega. Es decir, hablamos de robustecer los sistemas de familia, pero ¿lo hacemos desde lo local o lo hacemos retomando estos principios constitucionales?

Debemos recordar que, en el caso de las fuentes del derecho, se elevan a categorías de principio y si volvemos, por ejemplo, a qué tan complicado sería esto, les diría que quizá hoy amanecí sin sentirme humana, hoy me siento vampiro, por lo que voy a llegar frente a un juzgador y diré que hoy ya soy la señora Vampiro, que ya no soy Laura. ¿Qué trato me tienen que dispensar? o ¿me van a decir «no»?, ¿se me aplica la norma protectora de animales? Pues si ya no hay restricción en cuanto a número ni en cuanto a género, ¿tendría que haber restricción en cuanto a especie?

Muchos de nosotros hemos visto algún documental de personas que modifican partes de su cuerpo para que coincida con lo que ellos dicen ser. Los hay quienes se pusieron las orejas para verse más licántropos o los que se cortaron la lengua para parecerse más a un reptil. Entonces, la pregunta sería: ¿ustedes me tendrían que decir «momento, quiero tu acta de nacimiento o tu credencial del INE»? Perdón pero, ¿era necesario que yo trajera una credencial donde diga que soy vampiro?, entonces ¿dónde queda la autonomía de la voluntad y el libre desarrollo de la personalidad? Este es uno de los puntos donde podemos hacer una pausa para decir que, evidentemente, el trato que el juzgador debe dispensarme es el que le estoy diciendo. Deberá colocar «compareció la señora Vampiro» —entre paréntesis ya deberá colocar el nombre que aparece en la credencial—, pero no deben condicionarme para que me opere o para que me vista de otra manera: mi dicho es suficiente, tan suficiente como que aquí, en el estado de México, en este momento puedo ir a un registro civil, al que quieran[1] y decirles: «Ya no soy mujer, porque fíjense que ahora me siento más hombre, a partir de ahora ya no seré Laura, ahora soy Juan Manuel», realizando únicamente el trámite que derive de instancias administrativas o jurisdiccionales que, además, va ser muy rápido, en un día me tienen que levantar mi nueva acta, no pueden preguntarme: «¿Ya te operaste?» porque volvemos a lo mismo: esto no está condicionado ni por el sexo ni por el género.

Regresemos al caso de la señora Vampiro. Llego al registro civil, en ese momento hago mi solicitud, lleno a mano el formulario y me tienen que emitir una nueva acta de nacimiento, la otra va a quedar reservada, la carga de todas estas actividades, de todos estos cambios, recae en el registro civil, que se encargará de mandar el aviso a las instituciones educativas para que cambien todos mis documentos de los estudios que haya realizado, el aviso para que cambien mi CURP, al INE para que me cambien mi credencial de elector, así como la instancia que corresponda para cambiar mi licencia de conducir, es decir, todos los documentos que yo solicité, donde no será necesario que yo acredite absolutamente nada. Basta con que pueda solicitar el cambio en el documento, por mencionar un ejemplo, el pasaporte.

Ya tengo todos mis documentos, ahora como Juan Manuel. ¿Pero qué creen?, soy género fluido y ahora no me siento nada. ¿Y qué va a pasar si en ese ínterin de hombre una persona tiene una relación heterosexual y en esa relación embarazó a la novia? En un tiempo en que se sentía hombre, actuaba como hombre, se presentaba como hombre. La novia ya tiene dos semanas de embarazo y él ya entró en una fase de crisis en la que ahora está en transición a mujer, nace la criatura, y ahora se siente totalmente mujer. ¿Cómo vamos a registrar a ese producto?, ¿como cuando se concibió o como está ahora? Porque, además, se siente mujer, pero no se cambió el nombre. Este es uno de los puntos en los que tenemos que hacer muchas pausas y empezar a recordar, si bien es cierto que no vamos a encontrar todas las respuestas como quisiéramos, hoy todo este tema tiene que ver con los derechos humanos. Por ello, debemos recordar cuáles son esos nuevos pilares que sirven de soporte y de guía para resolver todos estos asuntos en los que se encuentran implicadas personas no binarias. Dentro de este no binarismo, quizá puedan interpelarme y decirme: «Oye, ¿y los *queer*?», cierto, pero no podemos hacer todo un

---

1 *Nota del transcriptor:* Con información publicada por la Dirección General del Registro Civil del Estado de México, es la persona interesada quien deberá presentarse en la oficialía donde fue registrado su nacimiento. Véase <http://registrocivil.edomex.gob.mx/faqs#_Toc114046083>.

catálogo como nosotros quisiéramos, en el que tú me vas contestando sí/no en un cuestionario porque, además, ¿quién dice que esto no lo hemos tenido siempre en la sociedad y que hoy en día los jóvenes son capaces de visibilizarlo?

Hay un estudio que realizó IPSOS en todo el mundo y que posteriormente se centró en Inglaterra. Preguntaban a las personas de nuestra generación —al menos, a las de la mía, no a los más jóvenes— si sentíamos atracción por las personas del sexo opuesto. El 82 % contestaron que sí, es decir, nos asumíamos heterosexuales, pero después, analizando a los *millenials* se abrió mucho todo este campo, y tan se abrió que, en personas de la generación de nuestros abuelitos se escuchaba decir: «Oye, fíjate que tengo un compañero homosexual» y quizá la abuelita todavía se asuste, pero si hoy se lo decimos a un adolescente, su reacción va a ser la misma que si le dijéramos «tengo un compañero que es de Tlaxcala». Sería tan natural como eso.

IPSOS sostiene que lo que es preocupante es que esa misma pregunta —si te sientes atraído por el sexo opuesto— formulada a la generación Z, solamente recabó un porcentaje de respuesta afirmativa del 52 %. A partir de aquí, hagamos una proyección. Primero, replanteemos diversas cuestiones: ¿qué es la familia?, ¿cómo se constituye?, ¿regulamos estas nuevas formas de familia?, ¿los mismos derechos o las equiparamos?, ¿ya no es la familia la célula de la sociedad?, ¿ya no hablamos de familia, sino de familias?, ¿o esto no es familia? Porque, entonces, cabe plantearse hacia dónde vamos. Probablemente yo ya no veré el resultado, pero lo que sí podemos ver es que en el caso de los jóvenes *millenials* que son el sector que más ha crecido y aquí se encuentran las personas que, de manera voluntaria, han decidido vivir solos, el grupo de jóvenes que, con o sin pareja, voluntariamente han decidido no tener hijos. Vuelvo, pues, a preguntar: como actores sociales, ¿qué es una familia?, porque si no sé qué es una familia y quiénes la integran, entonces estoy discriminando por ignorancia y por falta de conocimiento.

Creo que aquí tenemos que repensar muchos puntos: El primero es el de los pilares —que ya mencioné— que soportan ahora toda la base para poder solucionar, sin duda, lo primero que encontramos es el reconocimiento al libre desarrollo de la personalidad. Si tú te cierras y no me reconoces como vampiro, entonces me estás vulnerando el derecho a que yo pueda realizarme a partir de lo que soy, a partir de cómo me asumo y en esto —en el centro— lo que encuentro es la dignidad humana ¿Por qué menciono la dignidad humana? Porque en el caso de las y los transespecie, así como en el caso de los géneros fluidos y demás, las personas que dicen sentirse transespecie o *cyborgs* porque ya han incorporado una parte biológica o tecnológica en su cuerpo y se sienten un poco seres animalizados (transespecie) o tecnologizados, lo que dicen es que todo está decidido, que lo que los llevó a entenderlos fue la razón, ya que fue un acto volitivo, no un acto instintivo. El acto de pensar, de razonar y de concluir es propio de los seres humanos, ahí no podemos decir que respetamos porque ya arribaron a esa conclusión a partir de la voluntad y la razón, propios de los seres humanos y, no obstante, alegan que si no le permiten ese desarrollo se está trastocando su dignidad. Otro de los pilares fundamentales es el interés superior de la infancia, pero, ¿desde dónde voy a analizarlo y contra qué lo voy a poner en frente para poder ponderar?, de lo contrario, ¿qué va a razonar el juez, qué va a argumentar y cómo voy a poder entender?

Con respecto a los derechos de la mujer, un tópico en el que lamentablemente vemos todos los días que, por más que hablamos del tema, por más que hablamos de la perspectiva de género, de la equidad, de la igualdad y de no discriminación, todos los días vemos cómo se siguen violando los derechos de las mujeres y se les excluye y discrimina, y así podemos seguir con esa cadenita. ¿Será que los derechos de las mujeres fueron una medida de contención y todavía no hemos llegamos al punto en el que pueda visibilizarse nuestro papel de actores sociales? Dicen los que saben que para que nosotros empecemos a ver resultados palpables en materia de equidad de género, tendremos que esperar alrededor de ochenta años. Es una lástima que nosotros ya no alcanzaremos a ver los resultados por lo que en algún momento luchamos, por lo que quisimos que se visibilizara, y también aquí habría que hacer otro paréntesis: si nosotros estamos hablando de que todas estas nuevas categorías nos tratan como seres humanos, entonces qué sucede con estas medidas de contención, yo les diría respecto a todas estas nuevas clasificaciones de géneros no binarios: oigan, ¿cómo va a resolver, por ejemplo, el Instituto Nacional Electoral el tema de las cuotas de género en el caso de los partidos políticos?, ¿o los dejamos fuera?, ¿de plano los discriminamos? o ¿a quién vamos a proponer?

Otro punto que constituye un pilar importante es el de los derechos de las personas con discapacidad. Y bien, aquí yo les puedo decir; «Bueno, es que yo también tengo una discapacidad, es visual, porque uso lentes» y quizá ustedes consideren que no lo es porque solo me pongo los lentes y ya veo bien. ¿No será que nosotros los vemos diferentes a ellos pero ellos nos ven iguales a todos nosotros?

Un pilar más es la igualdad. Si les preguntara: ¿quién es Laura?, probablemente alguien diría «una persona gordita y chaparrita». Y es que en México discriminamos, pero con mucho cariño, pero esa expresión sigue siendo discriminatoria, por lo que debemos entender esta parte de la igualdad entre seres humanos. También tenemos que llegar al punto de poder regresar, aspirar y seguir luchando todavía por una vida libre de violencia y, por supuesto, también por los derechos de los grupos vulnerables, de los cuales les diría, por ejemplo, que 2001, un año en el que se reformó la Constitución y se incorporaron esos derechos en el artículo 2, pero solo para grupos indígenas. Pregunto: ¿era el único grupo vulnerable?, ¿era el único grupo minoritario? Porque yo, menonita, no sé qué derecho me tienen que aplicar a mí, porque ya entendí que a ellos sí se les va a juzgar con una perspectiva intercultural, pero el artículo 2 constitucional no me aplica porque es solo para indígenas, yo no soy indígena, soy menonita. O bueno, la otra sería que soy chipilo y tengo derecho a ser diferente porque, señores, la base de la igualdad es la diferencia, y sería absurdo aspirar a tener sociedades totalmente homogéneas. ¿Entonces qué derecho me aplica a mí? Dado que soy menonita, ¿tengo derecho que se me aplique alguna norma? específica como en el caso de los indígenas.

Todos estos —solo por mencionar algunos— podrían ser los nuevos pilares que debemos considerar para soportar y que sean la guía para resolver asuntos en los que se encuentren implicadas todas las personas que somos actores sociales en nuestra comunidad mexiquense y mexicana.

Capítulo 11

VISIÓN INNOVADORA DE LA EDUCACIÓN JUDICIAL EN LA COMPLEJIDAD ACTUAL

Pedro Luis Grasa Soler[*]

En los primeros libros y primeras reflexiones que hace Edgar Morin —quien a la fecha tiene ciento un años— se dedica al estudio de la Filosofía y la Sociología, transformando el sentido común de tantos trabajos diversos que finalmente a los críticos y a los filósofos de esa época y momento siempre les parecieron como algo dispersos. Fue en los años noventa cuando realmente presentó una explicación de la complejidad basada fundamentalmente en cibernética, en la teoría de la información y en la teoría de sistemas que permite —especialmente esta última— entender que cualquier sistema tiene elementos que interactúan entre sí en la ciencia o en cualquier campo del conocimiento.

En muchas de las áreas del conocimiento hemos buscado una segmentación, porque se ha considerado que de ese modo es más fácil entenderla, cuando en una perspectiva mucho más compleja y menos reduccionista se puede entender mejor el mundo, que es el objetivo final.

Estos conceptos inician su desarrollo en los años cincuenta y sesenta, cuando Morin publica sus primeros trabajos sobre estos temas, y empieza a entender como sociólogo y filósofo que la teoría de sistemas no es un principio filosófico, sino cuantitativo y, sobre todo, sabiendo que la teoría de sistemas se inicia en la biología para entender la interacción entre la molécula, la célula y los tejidos, los tejidos y los músculos y así sucesivamente. No es totalmente reduccionista pero sí en la formación de profesionistas. La teoría de sistemas adquirió un gran valor en todo aquello relacionado con el análisis, como, por ejemplo, la logística u otros temas como la teoría de administración o muchas otras ramas. La teoría de sistemas permite justamente analizar esa interacción que hay entre sus elementos y entenderlo.

---

* Doctor en Automatización de la Producción por la Universidad Nancy en Francia

Este concepto de complejidad se ha formado, agrandado y extendido a través de muchas ramificaciones y por eso ha pasado de un concepto periférico a ser el concepto central: es un elemento muy importante en el pensamiento complejo, es decir, podemos mencionar que lo que hace Morin es crear un macroconcepto para resolver el problema en las relaciones entre lo empírico, lo lógico y lo racional. Esto es básicamente el principio de la complejidad.

Hablemos ahora de manera más general de cada uno de estos elementos que consideró, que agregó o que fue complementando el maestro Morin.

El primero, que ya hemos revisado de manera general, es la teoría general de sistemas. Comienza con Bertalanffy, un biólogo de finales de los años cincuenta y principios de los sesenta que empieza a entender de una manera diferente la biología desde el elemento más básico, que es una molécula, una célula o un tejido hasta el elemento más complejo —por ejemplo, todo un sistema biológico—. Finalmente, el cuerpo humano o cualquier ser vivo es, a fin de cuentas, un sistema perfecto porque cada uno de nuestros elementos interactúa entre sí para que podamos caminar, pensar, hablar, etcétera. Este hecho da una enorme proyección como teoría general de sistemas, esto es, que es un estudio interdisciplinario que trata de encontrar y descubrir la dinámica y los elementos que componen ese sistema. El campo de la teoría de sistemas es mucho más amplio, diría que casi universal. Es una asociación de elementos diferentes que interactúan entre sí para un bien u objetivo común, porque ¿por qué le llamamos sistema solar? Porque es un conjunto de planetas, estrellas y satélites que conforman ese sistema y que permite una estabilidad desde el punto de vista de la astronomía para que nosotros estemos en este mundo y convivamos con el resto de los planetas. Se puede reflexionar del mismo modo sobre cualquier otro sistema imaginable, desde el más elemental hasta el más complejo.

El segundo elemento que toma en consideración Morin, es la teoría cibernética, que a través del pensamiento y estudio del matemático y físico Wiener (1894 y 1964) elaboró el concepto de cibernética en su obra *Cibernética y sociedad*. De manera general, podemos decir que, para Weiner, la cibernética es el estudio de los sistemas de comunicación y regulación de los seres vivos y que esto se traslada a aplicaciones en sistemas electrónicos. Por eso, hay una formación de ingeniero en cibernética que tiene que ver con esta interacción o este entendimiento a través de cómo funcionan los seres vivos y cómo se puede aplicar su funcionamiento. Podemos decir que la cibernética estudia el funcionamiento de los mecanismos y las conexiones nerviosas de los seres vivos.

¿Cómo es un sistema electrónico? Si ustedes ven una tarjeta o un conjunto de tarjetas o abren una televisión, van a ver un conjunto de elementos. Esas conexiones que hay entre los capacitores, las resistencias y demás es un sistema cibernético y es una referencia al comportamiento que tienen los seres vivos.

Por último, hay que mencionar la teoría de la información, que es la más reciente. El hecho de que conozcamos estos conceptos hoy en día, no quiere decir que no los conociéramos antes, pero el modo en que los conocemos ahora fue definido en 1981 en un trabajo que publican Shannon y Weaver sobre la teoría de la información. También se ha escuchado hablar de los sistemas de información, nuevamente, *conjunto de elementos* —en este caso, información— *que nos permite definir o entender cómo funciona.* Básicamente, el estudio de esta rama del conocimiento se centra en el análisis de la eficiencia de la información para establecer medidas cuantitativas sobre la capacidad de los sistemas de transmitir, almacenar y procesar información. Reflexionando lo que ocurre hoy en el mundo en relación con las tecnologías de la información y computación o comunicación, déjenme decirles que la capacidad actual de almacenamiento es enorme. A título ilustrativo, puedo decirles que cuando empecé a estudiar la carrera teníamos una computadora en la universidad que quizá ocupaba la mitad del cuarto donde estamos. Hoy, un teléfono celular tiene más capacidad que la computadora en la que aprendí computación ¿Qué les quiero decir con esto?: Que los sistemas de información en general han permitido no solamente almacenar, procesar y medir de manera cuantitativa esa información, sino que nos ha permitido emular sistemas como nuestro cerebro para hacer justamente inteligencia artificial, al menos como la conocemos hoy, a saber, un conjunto de razonamientos que, ante ciertas preguntas, el sistema va autoaprendiendo.

Les comentaré que el ser humano, desde el momento en que nace, arroja al mundo un conjunto de datos, fechas de nacimiento, qué vacunas tiene, si ha tenido alguna enfermedad de niño, incluso qué y en dónde estudió. Esa información que vamos generando a lo largo de la vida pronto será recuperada con esa capacidad de procesamiento y almacenamiento. De este modo, tendremos la posibilidad de disponer de información mucho más certera. La inteligencia artificial hará que el mundo cambie y evolucione y no es exclusivamente una cuestión de tecnología *per se,* sino una serie de elementos que están alrededor y que hoy en día permiten hacer cosas diferentes. Si yo fracciono la inteligencia artificial, si yo fracciono los sistemas de información, si yo fracciono los sistemas cualquiera que estos sean, no sería capaz de entender conceptos tan complejos como la inteligencia artificial, y al fraccionar constantemente los conocimientos desde la primaria hasta la universidad, seguiremos segmentando el conocimiento y no cuestionamos al mismo, lo damos como bueno, esa es otra reflexión importante.

En realidad, es hasta 1994, año en que Morin publica su libro sobre la teoría de la complejidad donde asume justamente todos estos supuestos teóricos de la teoría de información y comunicación en la medida que considera que el lenguaje y la comunicación humana es la primera representación simbólica de la realidad, ese es el gran rompimiento que hace en el 94 y donde ya se empieza a hablar de manera formal de las teorías del pensamiento complejo junto con el desarrollo de la *praxis* humana —sociohistórica— por medio de las actividades productivas que se desarrollan y que conforman las estrategias y las modalidades del pensamiento y del lenguaje. Esa es la interpretación que hace Morin respecto a esos supuestos teóricos que hay en la teoría de la información.

Lo que han hecho las propuestas del pensamiento complejo es cuestionar no solo el concepto mismo de la complejidad y el concepto de la ciencia, sino que han proclamado que los que ha variado es la naturaleza, donde varían también afectados todos los procesos de construcción de esos saberes y de esos aprendizajes. Esto ocurre en todas las mediaciones e intervenciones pedagógicas, la fragmentación —insisto— del conocimiento, de la ciencia, de una u otra manera están evolucionando y están cambiando hacia los planteamientos de ese pensamiento mucho más complejo que no es lineal, sino circular, porque regresa al mismo lugar, como funcionan los sistemas humanos. Si yo me quemo o si pongo un cerillo reacciono de manera instantánea, pero a fin de cuentas mando una señal al cerebro y este emite una señal para que quite la mano, es un sistema de lazo cerrado.

Es bien importante pues también el mundo de la información como tal ha evolucionado de una manera muy rápida. Hoy consultamos internet y obtenemos a través del señor *Google* cualquier información —o prácticamente cualquier información—, cuando antes teníamos que consultar bibliotecas físicas donde había unos ficheros y era bien divertido sacar un cajoncito, buscar la referencia, sacarla, ir con el bibliotecario, pedir el libro, sacarlo, leerlo, analizarlo y hacer un resumen. Hoy, a la vuelta de un clic, ni siquiera de una computadora, solo con un teléfono celular, podemos tener esa misma información. Ojo, no toda la información es válida, hay de todo, pero también hay información seria. Todo depende de la base de datos que usemos.

Sin lugar a dudas, no solamente se han modificado los soportes, sino que ahora la velocidad en la que utilizamos la información también es mucho más rápida. Nos enfrentamos a ese gran reto de entender que el conocimiento es algo abierto, algo inconcluso que siempre es relativo y que está en permanente reconstrucción. A veces pensamos que una teoría o conocimiento que ya fue expuesto, que ya fue probado, que ya está concluido, y nunca nos cuestionamos si nosotros agregamos otros elementos de ciencia o de conocimientos que se pueden modificar. Ahí es donde está el reto en la forma en que nosotros eduquemos a nuestro cerebro para que eso ocurra.

La complejidad de los nuevos modelos y las nuevas teorías científicas ha obligado a considerar la información como un insumo muy importante y de gran valor. La revolución científico-tecnológica que estamos viviendo ha provocado cambios profundos en la sociedad y, sin lugar a dudas, cambios en las mentalidades, en las perspectivas y en los valores humanos. Cuando hablamos de valores humanos encaramos un reto muy importante porque los valores están ligados a las creencias y las creencias están ligadas al ser humano, a la religión, a la forma de pensar y a otras cosas más que obligan inclusive al no entendimiento en la sociedad. Si seguimos formando de manera fraccionada, vamos a seguir enfrentando esta situación, a pesar del carácter vertiginoso de los cambios a nivel científico y tecnológico.

Empezando a resumir, Morin nos invita a reflexionar que el estudio de cualquier aspecto de la experiencia humana ha de ser por necesidad multifacética, nunca es lineal, y este es uno de los elementos más importantes que existen en la teoría del pensamiento complejo. Si bien la mente humana no existe sin cerebro, tampoco existe en lo que les acabo de decir: sin las tradiciones en casa o la familia, sin la parte social y sin lugar a dudas en las partes étnicas y raciales, porque ahí hay una confrontación de valores muy importantes entre las sociedad y, a fin de cuentas, el mundo físico es siempre entendido por seres biológicos y culturales.

Al mismo tiempo, cuanto más entendemos estas posibilidades, cuando comprendemos que los musulmanes piensan diferente que los católicos, o que los cristianos tienen referentes distintos en sus propias sociedades, justamente eso va a reducir nuestra experiencia a sectores limitados del saber, vamos a sucumbir mucho más en la tentación del pensamiento reduccionista, ¿por qué? Porque así son ellos, porque es su religión. No profundizamos realmente en esas diferencias que normalmente van hacia el reduccionismo y no hacia un entendimiento con una neutralidad ética, es decir, a la comprensión de manera neutra de que eso es posible, de que eso permite que las cosas avancen y evita que nos estemos agarrando a golpes entre unos y otros.

Muy bien, en términos generales podemos resumir los siete saberes que propone Edgar Morin:

1. Lo primero que dice es que necesitamos una educación que cure la ceguera del conocimiento.
2. Una educación que garantice el conocimiento pertinente.
3. Enseñar la condición humana.
4. Enseñar la identidad terrenal.
5. Enfrentar las incertidumbres, saber que hay incertidumbre y que a veces hay que navegar en esa incertidumbre para poder hacer avanzar el conocimiento.
6. Enseñar la comprensión.
7. Por último, la ética del género humano como un valor universal.

Revisemos cada uno de estos saberes.

En el primero, como ya hemos dicho, debemos considerar que todo conocimiento conlleva siempre un riesgo de error y lleva también hacia una ilusión de que ese conocimiento va a resolver de una u otra manera alguna situación que nosotros enfrentamos. La primera tarea que debemos asumir en la educación es enseñar un conocimiento capaz de criticar el propio conocimiento: lo damos por descontado, lo damos por visto, lo damos porque lo leí, lo damos porque el profesor así lo dijo y ese es un grave error. Debemos provocar lo contrario. Debemos enseñar a evitar la doble enajenación, es decir, la de nuestra mente por sus ideas y la de las propias ideas por nuestra mente, tenemos que ir en los dos sentidos.

La búsqueda de la verdad siempre exige reflexión, crítica y corrección de errores, pero además necesitamos cierta convivencia con nuestras ideas y con nuestros mitos. El primer objetivo en la educación del futuro será dotar a los alumnos de la capacidad para detectar y subsanar los errores y las ilusiones del conocimiento y, al mismo tiempo, enseñarles a convivir con sus ideas sin que estas los destruyan.

Respecto al segundo saber —una educación que garantice el conocimiento pertinente—, debido a la gran cantidad de información que tenemos y la facilidad de acceso a esta información, es necesario poder discernir cuál es la información clave. La pregunta, por ende, es: ¿cómo seleccionar la información, los problemas y los significados que son permanentes? Primero, poniendo a la luz el contexto, lo global, lo multidimensional y, por supuesto, la interacción compleja que pueda haber entre esos elementos. Por lo tanto, la educación debe promover una inteligencia general, apta para que nos podamos referir al contexto, a lo global, a lo multidimensional y a la interacción compleja entre esos elementos. Vamos a construir esta inteligencia general a partir de los conocimientos existentes y de la crítica de esos conocimientos. Su configuración fundamental es la capacidad de plantear y de resolver problemas, ni más ni menos.

La tercera —enseñar la condición humana, es decir, una aventura común— ha embarcado a todos los humanos de nuestra era. Todos ellos deben reconocer su humanidad común y, al mismo tiempo, reconocer la diversidad cultural inherente a todo lo humano para poder entender a sociedad, esto es entender por qué estas se fueron construyendo, por qué fueron emigrando, por qué se crearon nuevos lenguajes, nuevas oportunidades o nuevas formas de vida. Por lo tanto, quiénes somos es una cuestión inseparable de dónde estamos, de dónde venimos y hacia dónde vamos. Lo humano es y se va a desarrollar de manera interactiva y circular, no es algo lineal que pasa de un lado a otro, es decir: cerebro–mente–cultura–cultura–mente–cerebro o bien, también como una consecuencia: razón–afecto–impulso–impulso–afecto–razón, y así sucesivamente. Finalmente, como tercer escalón está el individuo–sociedad–especie–especie–sociedad–individuo. Entonces, en términos generales, la educación deberá mostrar el destino individual, social y general de todos los humanos y de nuestro arraigo como ciudadanos en la tierra. Este será el núcleo esencial formativo del futuro.

Cuarto, enseñar la identidad terrenal. La historia humana comenzó siempre por la dispersión de todos los humanos hacia regiones que permanecieron durante milenios aisladas. Esto produjo una diversidad de religiones, de lenguajes, de culturas, de metaculturas, etcétera, por la propia configuración en la que se desarrolló el mundo. Por eso existe tanta diversidad. Sin embargo, déjenme decirles que en los últimos tiempos y gracias a la revolución tecnológica y a los sistemas de información y la interconexión que tenemos hoy los humanos y las posibilidades de comunicarnos rápidamente a cualquier parte del mundo nos ha permitido relacionar estas culturas y volver a reunir lo disperso, a pesar de las diferencias de lenguajes, de idiomas, de religiones y demás. Se hace necesario introducir en la educación una noción mundial más poderosa que el desarrollo económico porque, además, se ha centrado las últimas décadas exclusivamente en ese objetivo. Tenemos que centrarnos en el desarrollo intelectual, tenemos que desarrollarnos en la parte afectiva y, por supuesto, en la parte moral a nivel de todo el globo terráqueo.

Por lo que concierne al punto cinco —enfrentar las incertidumbres—, todas las sociedades en términos generales creen que van a perpetuar sus modelos y se van a reproducir de manera natural. En los siglos pasados, las personas siempre creyeron que el futuro se conformaría de acuerdo con sus creencias y a las instituciones que se habían creado en ese momento. Si ustedes tuvieran la capacidad de regresar al final del siglo pasado, la conceptualización que teníamos del mundo era totalmente diferente a lo que ocurre al día de hoy, justo eso es evolutivo y es más importante desarrollar la parte intelectual y enfrentar de manera global esos problemas que quedarse simplemente en la proyección económica y de desarrollo de los pueblos sin la parte —digamos— de desarrollo intelectual de manera integral, no exclusivamente segmentado en el propio conocimiento. Todo esto tiene que ver con la incertidumbre, que donde hoy vivimos —y en nuestro país aún más—. Esto no solamente versa sobre el futuro, existe también incertidumbre sobre la propia validez del conocimiento e incertidumbre derivada de nuestras propias decisiones porque cuando tomamos una decisión siempre hay un nivel de vacilación o simplemente, como dice Morin, navegamos en un océano de incertidumbres en el que hay algunos archipiélagos de certezas y no al revés, porque a veces pensamos que navegamos en archipiélagos de certezas y no hay incertidumbre, el planteamiento es el contario. Por ello, es importante que en los procesos educativos podamos vivir y enseñar en espacios de incertidumbre.

Por lo que hace al sexto punto, la compresión se ha tornado una necesidad crucial en los humanos. Por eso, la educación tiene que abordarla de manera directa y en dos sentidos: en el de la comprensión interpersonal e integral y en la compresión en escala planetaria, Morin constató que la comunicación no implica comprensión. En esta última parte —que la comunicación no implica comprensión— está amenazada por la incomprensión de los códigos éticos de los demás, de sus ritos, de sus costumbres, de sus opciones políticas, y a veces hay que confrontar cosmovisiones incompatibles.

Por último, además de todas las éticas particulares, la enseñanza de una ética válida para todo el género humano es una exigencia necesaria en nuestros tiempos. Morin presenta el lazo cerrado, dicho en otras palabras, la relación circular y no lineal del individuo, sociedad, especie como base para enseñar la ética venidera, que nos permita justamente relacionar al individuo con su sociedad y su especie, luego, la especie con la sociedad y con el individuo, así sucesivamente. Es como un lazo cerrado, que es la manera en que funcionan la mayor parte de los sistemas. Hablando técnicamente, nosotros tenemos cinco sensores —cinco sentidos— que nos permiten detectar nuestro entorno y en milésimas de segundos nuestro cerebro procesa esa información que recibe para que haya una respuesta. A fin de cuentas, así funcionan los sistemas, es la parte importante —diría yo— de las reflexiones filosóficas que hacen más prácticas los resultados del maestro Morin, no simplemente estar en esa discusión a veces de lo etéreo, sino verlo a través del aterrizaje o del abordaje.

En el lazo individuo-sociedad surge el deber ético de enseñar la democracia, esta implica consensos y aceptación de reglas democráticas, pero también necesita diversidades y antagonismos para que funcione. El contenido ético de la democracia afecta a todos esos niveles, el respeto a la diversidad significa que la democracia no se identifica con la dictadura de la mayoría. En el lazo individuo-especie, Morin fundamenta la necesidad de enseñar la ciudadanía terrestre, la humanidad, que dejó de ser una noción abstracta y lejana para convertirse en algo concreto y cercano con interacciones y compromisos a escala terrestre.

Ahí están los siete saberes de Morin. Lo que he intentado hasta ahora es ofrecer un marco general de la teoría sin llegar a lo profundo, para aportar ideas generales de hacia dónde o con qué elementos podemos contar para diseñar nuevos modelos educativos, después eso, cómo lo aplica o define en sus siete saberes y, finalmente, me gustaría proponer una conclusión sobre todo lo expuesto. Lo que hace Morin es invitarnos a postular cambios concretos en el sistema educativo desde la etapa de primaria hasta la universidad, la no fragmentación de los saberes, la reflexión sobre lo que se enseña y la elaboración de un paradigma de relación circular entre las partes y el todo, lo simple y lo complejo. Aboga por lo que llamó el *diezmo epistemológico,* según por el cual las universidades deberían dedicar el diez por ciento de sus presupuestos a financiar la reflexión y la discusión sobre el valor y la pertinencia de lo que enseñan para discutir. La comprensión, no excusa ni acusa, simplemente nos pide evitar la condena perentoria, irremediable como si uno mismo no hubiera conocido nunca la flaqueza ni hubiera cometido errores. Si sabemos comprender antes de condenar, estaremos en la vía de la humanización de las relaciones humanas.

Termino diciéndoles que hay mucho que pensar y mucho que reflexionar en todos los campos y entender la importancia de la no fragmentación, del no exceso de la simplificación para el entendimiento, sino, al contrario, para poder reflexionar sobre los nuevos modelos educativos que se requieren no solamente en México sino también en el mundo.

Capítulo 12

TRANSVERSALIDAD EN LA EDUCACIÓN JUDICIAL

Raúl Aarón Romero Ortega
Consejero de la Judicatura del Estado de México.

Guillermo Alfonso García Santín
Antropólogo y docente del ITESM.

Melissa Estefanía Vargas Camacho
Diputada por la LXV Legislatura.

Claudia González Jiménez
Investigadora de la Escuela Judicial del Estado de México.

DERECHOS DE NIÑAS, NIÑOS Y ADOLESCENTES

Raúl Aarón Romero Ortega

En este momento, seguramente, en todos los estados de la república se están juzgando asuntos que involucran a niñas, niños y adolescentes en situaciones que, como es del conocimiento de todos —por ser los más recurrentes—, versan sobre la pérdida de patria potestad, guarda y custodia o alimentos.

Coincidimos en la necesidad de preparar en esta materia a juezas y jueces, así como a todo el personal que está involucrado en la función jurisdiccional.

Sobre ese planteamiento hay varios autores que inciden en la necesidad de esa capacitación. Me refiero, en primer término, a un documento que seguramente todas y todos conocen: las observaciones generales que ha realizado el Comité de los Derechos del Niño, organización encargada de controlar el cumplimiento de la Convención de los Derechos del Niño, específicamente en la observación N.º 10, referida a la justicia que involucra a esta parte de niñas, niños y adolescentes, donde se afirma que, a efecto de poder hacer realidad los derechos y las garantías, es necesario que se prepare a todo el personal involucrado en ese conocimiento, una capacitación de manera sistemática y continua:

> ...y no debe limitarse a informar de las disposiciones legales nacionales e internacionales aplicables en la materia. También debe incluir información, entre

> otras cosas, sobre las causas sociales y de otro tipo de delincuencia, los aspectos psicológicos y de otra índole del desarrollo de los niños (prestando especial atención a las niñas y los niños indígenas o pertenecientes a las minorías), la cultura y las tendencias que se registran en el mundo de los jóvenes, la dinámica de las actividades en grupo y las medidas disponibles para tratar a los niños que tienen conflictos con la justicia, en particular medidas que no impliquen el recurso a procedimientos judiciales.[1]

Dicho parámetro se cumple en la Escuela Judicial del Estado de México, porque de manera continua se están preparando a juezas y jueces, así como a todo el personal jurisdiccional, sin improvisación. De ahí la necesidad de que este planteamiento formulado por el Comité de los Derechos del Niño se extienda a todas las escuelas judiciales o todos los institutos de capacitación de la república mexicana.

Un segundo documento lo encontré en una revista del Instituto de Investigaciones Interamericana de los Derechos Humanos. En él, se habla también de la necesidad de capacitar, pero utiliza la metodología corporativa o cooperativa, en el sentido de que tanto las juezas como jueces, tienen la obligación de capacitarse y el deber de involucrar a los demás actores, en este caso, a los usuarios, porque, de alguna forma, toman el parámetro de las resoluciones; además, les afecta la medida en que se cumplieron las expectativas en ese órgano jurisdiccional en particular y que de ahí se diseñen políticas públicas donde se involucre a ese sector de la población.

Estimo que actualmente la gobernanza judicial va hacia esa dirección. No solamente se orienta a que las autoridades tomen las decisiones sino también a que se tome en consideración el parecer de organizaciones no gubernamentales y de asociaciones que luchan por los derechos de niñas, niños y adolescentes. Un claro ejemplo de ellos es la actividad desplegada por la Red por los Derechos de la Infancia en México (REDIM).

Recientemente, en la Cámara de Diputados del Estado de México, la REDIM presentó dos publicaciones sobre la necesidad de legislar respecto de incorporar a los sectores criminales de manera involuntaria a este sector de la población de NNA (Reclutamiento y utilización de Niñas, Niños y Adolescentes por grupos criminales y por grupos delictivos). Por eso, es importante tomar en cuenta la gobernanza judicial e incorporar a las políticas públicas todas las opiniones constructivas que emergen de la sociedad.

1 Fondo de las Naciones Unidas para la Infancia (UNICEF), *Observaciones Generales del Comité de los Derechos del Niño,* (México, UNICEF, 2014). 182.

También la Escuela Judicial tiene una publicación que seguramente ya la vieron en los *stands* de la revista *EX LEGIBUS*. En el número nueve, encontramos una publicación del que fuera director de esta Escuela Judicial, el magistrado en retiro Joaquín Mendoza Esquivel. En ella hace un recuento histórico y explica que esta Escuela Judicial inició con un instituto de capacitación de los servidores públicos, que en el 2002 se creó un Sistema Nacional de Formación Judicial y que en el año 2003, con el reconocimiento de los estudios oficiales, inició sus labores como escuela judicial.

En ese estudio se identifican los ejes transversales que tiene la Escuela Judicial, entre ellos, juzgar con perspectiva de género, derechos humanos y argumentación, y ahora proponemos —de hecho ya está incorporado de manera formal— esta transversalización de los derechos de niñas, niños y adolescentes. Existe una especialidad para la justicia de adolescentes que capacita al personal en derechos de la infancia. También la parte de derechos humanos, continuamente convoca cursos de aplicación del derecho con perspectiva de género y también de infancia. Asimismo, se hace un recuento de cómo hemos transitado de un modelo informal en la educación a un modelo de competencias que ha permitido generar un claustro académico de doctores, maestros y especialistas que se encargan de compartir o de capacitar a todo el personal en el área judicial. «Claramente, se advierte en la opción del modelo educativo por competencias la vocación por la precisa identificación, interpretación, razonamiento y solución de problemas de contexto, armonizando los diversos saberes: el del ser, el del convivir, el del hacer y el de conocer».[2]

Un cuarto documento que quisiera compartir con ustedes, es un libro que editó la Universidad de Guadalajara y que presentó el ministro Cossío.[3] Ahí se analiza la tesis de que el juez debe capacitarse de manera constante y que, de no hacerlo —señala la tesis— pierde algo de su independencia judicial, que es un atributo de la formación judicial. ¿En qué se basa la tesis? En el hecho de que estamos en un Estado de derecho constitucional que exige la capacitación para jueces y juezas en el tema de derechos humanos, cuestión general claramente conectada al tema del que estamos tratando de los derechos de niñas, niños y adolescentes.

---

2 Joaquín Mendoza Esquivel, «Escuela Judicial del Estado de México, Formación Judicial por Competencias: La Experiencia de la Escuela Judicial del Estado de México», *EX LEGIBUS* núm. 9, octubre, (2018): 68.

3 Selene Villanueva Sossa y José de Jesús Chávez Cervantes, , «Jueces, Educación y Derechos Humanos», en *Gobernanza Judicial,* coord. L.E. Villanueva y L.E Guerrero, (México: Porrúa y Universidad de Guadalajara, 2020) 167.

La actual directora del Instituto de Investigaciones Jurídicas, Dra. Mónica González Contró,[4] publicó una obra sobre los derechos humanos de los niños en la que señala que dichos derechos aplican, desde luego, para las infancias bajo los principios de autonomía, dignidad y libertad; además, hace referencia a la teoría de que los niños y niñas son titulares de los derechos humanos de los adultos y más conforme a las condiciones de vulnerabilidad en que actualmente se encuentran.

Podemos encontrar una quinta lectura importante en un libro editado por la Suprema Corte de Justicia de la Nación,[5] que aborda la protección integral de los derechos de niñas, niños y adolescentes en un contexto de movilidad. Para nadie es ajeno este problema que tenemos en toda Latinoamérica y México, donde es necesaria la capacitación en materia de migración. Ahí se menciona que los Estados Unidos de América —y ustedes lo saben— no ha suscrito la Convención de los Derecho del Niño; sin embargo, también se reconoce que el interés superior de la infancia es un principio de derecho internacional tomado como un referente. En este marco, se analizan dos modelos: el del estado de Maryland y el de Texas. Ahí fueron los jueces quienes tomaron el liderazgo para abordar esta problemática, donde bastantes asuntos desbordaban su sistema y tuvieron que establecer enlaces con otras dependencias para efecto de salir adelante.

¿Qué es lo que buscan? Solucionar el problema respecto a la infancia, pues estos jóvenes, niñas y niños que se ven privados de su familia en un contexto de orfandad en un país ajeno lleva una vida especial, y muchos jueces se plantean como dilema de si los dejan ahí con toda la protección del país —Estados Unidos—, tal vez un contexto mejor al que dejaron, pero privándolos de su familia.

La política pública que ha imperado es que se reintegren a la familia. Creo que todos conocemos el refrán de acuerdo con el cual «aunque la jaula sea de oro, no deja de ser prisión». Debe prevalecer la idea de regresar con la familia con base al derecho de reunificación familiar que tienen los migrantes. Incluso en el derecho interno existe la política pública según la cual, lo último que se busca es la institucionalización de las niñas y niños. Primero se buscan alternativas para el bienestar de esta población infantil, y lo mismo acontece en estos tribunales de Estados Unidos.

---

4 Mónica González Contró, *Derechos Humanos de los Niños: Una Propuesta de Fundamentación,* (México: UNAM, 2008) 265.

5 Lisa Marie Le Sage, «Niños, Niñas y familias migrantes en tribunales nacionales: los jueces y juezas como lideres en la protección de los derechos de la niñez. En Acceso a la justicia y protección general de los derechos de las niñas y los niños en contexto de movilidad internacional», coord. N. Espejo, (México: Suprema Corte de Justicia de la Nación, 2021) 311-56.

Es esta una realidad de la que nadie —de alguna forma— es ajeno, dado que el estado de México también es un lugar de tránsito de migrantes cuya problemática debe abordarse de manera coordinada entre la Escuela Judicial del Estado de México y otras autoridades, para capacitar a estas y preservar los derechos de la niñas, niños y adolescentes migrantes en el territorio mexiquense.

Un ejemplo de colaboración entre las autoridades en el estado de México se dio a partir de la creación del juzgado en línea especializado en violencia familiar y de protección de niñas, niños y adolescentes. Su competencia se amplió a propuesta de la Procuraduría de Protección de Niñas, Niños y Adolescentes del Estado de México, porque esta institución tiene la facultad de decretar medidas de protección y que las ratifiquen las juezas y jueces en línea o en materia familiar. La coordinación permitió mayor protección para poder abordarla oportunamente; dado que por disposición de la Ley General de Acceso de las Mujeres a una Vida Libre de Violencia, ahora deben acordarse de manera inmediata (o, a más tardar, dentro de las cuatro horas siguientes) las denuncias y las promociones, cuando el código procesal otorga veinticuatro horas; es evidente la diferencia, es una política de protección para las mujeres y, dentro de ese grupo, también para las niñas, niños y adolescentes, así como para los grupos vulnerables, entre ellos las personas adultas mayores.

Otras políticas públicas que implican a diversas instituciones son los convenios que se están suscribiendo entre el Poder Judicial del Estado de México y los municipios que tienen alerta en violencia de género con el objetivo de que la policía municipal responda de manera inmediata a las órdenes de protección. Hacia esa dirección deben orientarse las políticas públicas de colaboración, a fin de que esta capacitación judicial, en beneficio de la población vulnerable sea constante e incorporativa, es decir, para que en ella cooperen todos los sectores preocupados y ocupados en la protección de niñas, niños y adolescentes.

GRUPOS EN SITUACIÓN DE VULNERABILIDAD

Guillermo Alfonso García Santín

De grupos vulnerables se ha hablado en las últimas décadas y se pueden suministrar algunos datos y reportar situaciones sobre niños de la calle, personas mayores o de personas con alguna limitación física en casi todas las ciencias —sobre todo en las ciencias sociales y/o las humanísticas, los que conforman la población de los involucrados en estos grupos. A fin de cuentas, todos hemos sido "personas vulnerables" en algún momento y/o en los próximos años lo seremos aún más—. Entonces verán que el panorama no es muy bueno y que generalmente las modificaciones necesarias de las leyes van con retraso en lo que sucede en relación con lo que cotidianamente acontece.

Hoy en día se habla de “incorporar a todos estos grupos vulnerables”, pero el hecho de que estén presentes no quiere decir que estén integrados. Seguramente, ustedes han ido a alguna reunión donde no conocen a nadie y mejor se retiran porque no se sienten integrados; uno puede quedarse, pero ya sabemos que a lo mejor pasaremos inadvertidos. Por lo que los encuentros sociales tienen que emplearse a fondo, —aunque hay de todo tipo—, algunos son muy útiles para develar las características de estos grupos y al resto de la población que hace un esfuerzo por no sentirse identificado, ya que los grupos compuestos por personas “regulares” hacen caso omiso o dicen que la presencia de las personas pertenecientes a los grupos vulnerables “les movieron el tapete o les hicieron reflexionar”. Nosotros, a nivel de cancha de quienes estudiamos y somos parte de estos grupos, percibimos la gran indiferencia e invisibilidad de la gente que se define o autopercibe como “regular” y, por lo tanto, sujetos de derecho. De este lado no es así, dado que se pretende estar y ser en un mundo donde se valora la autoridad. Somos fuerza de trabajo que podemos ser percibidos como “desgastada o incapaz de cumplir” con la eficiencia de la productividad que todo el mundo valora de arriba abajo. Sería difícil abordar a todos los grupos vulnerables porque, como dije, tarde o temprano todos estaremos en esta situación.

Hay gente que escribe o publica sobre estos escenarios sociales, pero en muchas ocasiones se quedan embodegados en esos libros que no tienen mucha difusión. Otros se convierten en intelectuales orgánicos o mercenarios que escriben a modo para exaltar —o, al menos—, elogiar a determinada institución u organismo. Asimismo, hay otros a los que muy difícilmente se escucha y que están directamente involucrados. Sí, la gente prefiere hablar de los niños de la calle o de los ancianos, pero no hablar con ellos. Los “normales” deducen qué es correcto y qué no es correcto, qué merecen y qué no qué pueden hacer y qué no son incapaces de realizar —no importando la edad, su género o la preparación académica de los integrantes de dichos grupos vulnerables—. Es algo que perciben como contagioso y, aunque no sepan al respecto, concluyen que no quieren convertirse en algo que “no se debe ser” en sociedad.

Entonces, desde el principio el ser humano funciona con base al poder y quienes lo ostentan. Así que las instituciones, los organismos y lo que le llaman sociedad civil —generalmente, están formados por grupos privilegiados con personas “regulares”—, son quienes deciden qué es lo que les hace falta a las personas que conforman los grupos vulnerables. Ello a pesar de que, generalmente, no tienen experiencia directa con “el usuario” veinticuatro horas al día de todos los días de los años de su existencia. Ese es un aspecto fundamental para los interesados y profesionales que pueden influir, reitero, más a fondo en el involucramiento genuino de los integrantes de la población en estudio.

Los grupos vulnerables no tenemos más tiempo para esperar. Hemos esperando milenios; hemos escuchado promesas. Como diría Justo Sierra, «las leyes, dictámenes, reglamentos son unos hermosos poemas, pero hay que vivirlos». Es preciso ser verdaderamente empático, poniéndose en los zapatos de los menos favorecidos, pues de pronto se carece hasta de lo más elemental —ni la vista, ni el saludo, ni la atención se dignan ofrecerles—. El hecho de que actualmente la administración sea un poco más amable no significa que haya mejor atención. Por lo tanto, hay mecanismos de control que ahora pueden ser más suaves pero que son igualmente eficientes.

Generalmente —por poner un ejemplo en nuestro contexto— las personas ven a los niños de la calle y dicen: « pobrecitos, ¿por qué no los mandan a la Teresona?, para que no afeen más Toluca...». Sin embargo, desde el imaginario colectivo se conciben a los integrantes de estos tres grupos monitorios como pequeños ladronzuelos, drogadictos u otros supuestos más. Y lo que ofrece el sistema en que vivimos —la cultura dominante— es menor que lo que da ser niños de la calle. Me explico, ser niños de la calle les da la libertad que todo el mundo valora. Toda la avenida principal de una ciudad puede ser un campo de juegos, en los parques están a gusto, se encuentran entre iguales, saben dónde juntarse; entre ellos también se producen acaloradas peleas por los recursos que la gente deja caer porque el sistema da a los grupos vulnerables lo que le sobra.

Entonces, ellos también reciben de la calle estímulos muy excitantes: como viendo aparadores o tan simple presenciando la vida de la ciudad. Asimismo, son fundamentales sus relaciones públicas con la señora del mercado, la de la tienda, con los policías que hacen como que hacen, pero ahí los dejan con tal de que se mochen, son pícaros de alguna manera. Las autoridades son vistas con asombro y espanto porque los niños de la calle están perdiendo ese capital social que es la infancia y se convierten aceleradamente en jóvenes, lo que genera más suspicacias en la población.

Los integrantes de los grupos vulnerables percibimos a las instituciones formales e informales con mucha incertidumbre y desconfianza porque durante siglos hemos escuchado más o menos lo mismo. Los programas consisten en encerrar y en enseñar algún oficio a los chavos, a quienes les da menos "certeza" que el de ser niños de la calle. Habrá que entender que para emplearse en algún oficio, hay que estar aprendiendo tres, seis meses o un año —el tiempo que sea— para competir con otros cientos de millones de desocupados en la sociedad Por lo que los empresarios o las instituciones que les quieran dar trabajo, deben entender que el modo de producción actual tiene otro modelo, y así evitar que dicha población infantil esté tantos meses "capacitándose" sin percibir ningún ingreso; pues los niños de la calle reciben más ganancias económicas en las vialidades que ejerciendo en aquellos oficios "formales"—, y para ellos es importante el sustento diario para apoyar a sus respectivas familias.

Hay otros que piensan en cómo deben ayudar, pero los grupos vulnerables no vemos el mundo como lo ve la cultura dominante y las instituciones que la conforman. De igual modo, para la gente mayor será muy difícil que los dejen de ser percibidos y vinculados —por su edad— como tradicionales o aburridos, sin que sean apreciados como los guardianes de la memoria histórica de su familia y de la ciudad en donde viven. Después se dan cuenta de que, tras entregar años —bien que mal— de trabajo, reciben unas pensiones muy magra a esa gente —"la regular"—, y, obviamente, no se puede estar muy satisfecho con $4,500 de pensión o jubilación. *No hay júbilo en su retiro laboral*, pues ¿para qué les alcanza? Seguramente, para el beneficio del resto de la familia, que va a administrar ese dinero y va a decidir qué puede o no hacer, qué puede comer o no comer, a qué hora puede salir y a qué hora no. Generalmente, parece que los grupos vulnerables estamos recorriendo instituciones totales. Cada persona "convencional" siente que conoce nuestras necesidades y soluciones, que somos gente que vivimos subordinados a lo que los demás nos permitan hacer, incluso estar en la calle. Entonces, diría uno cuando felicitan a la gente mayor por su cumpleaños: «¡Que vivas muchos años, abuelo!» y él piensa: "¿para qué?", ¿para no poder tomar un tequilita, para no poder salir a dar la vuelta, para que me echen el coche encima, para que las banquetas estén privatizadas con tanto negocio y estas sean incaminables?

Ahora que estamos fluctuando entre la necesidad y la posibilidad de solucionar, se gasta o desgasta aún más el tiempo de existencia de estos grupos; pues por ejemplo el segmento de personas con alguna limitación quizá es el más olvidado de todos, aunque tal vez es aquel del que se habla más. Es cierto, pero generalmente también se dice: «Pobrecitos, la vida los fregó, deberían operarse, un trasplante». Todo mundo sugiere; pero nadie comparte su existencia con ellos. Lo que se valora es eltrabajo, pues este es el camino para acceder a otros derechos; pero si apenas empiezan a aparecer opciones escasas para ellos, ¿cómo permanecer en él? cuando en su momento es una bendición tener una población tan joven, también se convierte en cierta condena para el resto de la población, tan sana y vigorosa. Dicen que les falta experiencia y que los que tienen experiencia ya están grandes o que, "si por fuera están así, quién sabe cómo estarán por dentro", y eso que no abordando a la población de limitados viscerales cuyos órganos —la vesícula, el hígado, el páncreas o el corazón, entre otros— están afectados. Claro que nadie va a poner en su pecho un cartel que diga «Tengo pancreatitis». Entonces, recorriendo todas las instituciones, la gente establece las prioridades y recurre a la fuerza de trabajo más apta, la que asegure mejor una inversión social. Todos somos inversión. Por tanto, quien se involucre en estos temas debe empaparse de su mundo de sus contextos, bajar a la tierra, de escuchar a los inmersos en estos grupos. En caso contario escucharemos de nuevo la versión barroca de lo que creen que son los grupos vulnerables.

Generalmente, las cifras también son de dudosa confiabilidad. Sobre los niños de la calle se dice que la mitad viven en situación pobreza y que la mitad de esa mitad en situación de pobreza extrema. Se dice que «nada más» hay cien mil niños en la calle. Aunque hubiera diez mil también son mexicanos y también tienen derechos que deben ser garantizados. Asimismo, la gente mayor y espera las mismas prerrogativas, derecho a sentir el gozo haber llegado a la última etapa de su existencia, pero parece que ya los quieren enterrar a los sesenta años cuando quizá apenas tienen treinta años o más de vida —no de existencia—, cuando aún les queda vida remanente en donde es injusto que otros —"los convencionales"— decidan que deben o pueden hacer.

Hay que escuchar para no repetir errores, hay que aprender, hay que evitar que la gente piense que ser, paralítico, enano, ciego o sordo es una tragedia. ¿Quién dijo que es una tragedia si jamás han preguntado? También podrían vivir igual que todos, atravesar o transitar una calle con seguridad como cualquier otra persona, detenerse a conversar, entrar en los lugares —sin tener que hacer adaptaciones— y en todo caso, ¿por qué hacerlo "a la mexicana" —donde se ahoga el niño para tomar las medidas correspondientes—? Es aquí y es ahora. No hay tiempo de espera para estos grupos. Se habla que las personas de mayor edad en México serán quince millones y medio para 2050.

En cuanto a las personas con limitación física, se menciona que existen seis millones actualmente. Hace veinte años se decía que eran dos millones y después se incrementó la cifra un cien por ciento. La verdad es que esos seis millones se quedan cortos. Según la OMS y los datos que uno va encontrando en el "campo", así como la información que se obtiene cuando nos reunimos los profesionales en el tema, somos alrededor de veinte millones de mexicanos con alguna limitación física. Los que sean, ¿dónde están? o ¿dónde estamos? ¡Damos pena a las familias, a los trabajos, a las escuelas!, ¡gente que sufre tragedias sociales! Los reglamentos reglamentos plantean: "procurar por nosotros". Puede que las normas estén ahí, pero ¿quién las refuerza?, ¿quién las aplica?, ¿dónde hay un lugar donde uno pueda ir con confianza sabiendo que no nos van a batear y que vayan a decir que simplemente no se puede hace nada? Que es por motivos de la economía, que el presupuesto no da para más —porque nunca ha habido presupuesto para nosotros—.

Entonces, piensen en estas reflexiones para que no se siga hablando más en tono similar de los grupos vulnerables y asúmanse como "usuarios potenciales", pues un momento de vulnerabilidad puede durar muchos años. Imagínense lo que es vivir así, toda la vida esperando, toda la vida sin ser visto como un ser humano digno y titular de sus propios derechos porque no hay ninguna instancia a la que genuinamente se pueda apelar de facto y no de simulación.

LA PERSPECTIVA DE GÉNERO; DETONADORA DE LA TRANSFORMACIÓN SOCIAL

Melissa Estefanía Vargas Camacho

Lo primero que tenemos que señalar es reconocer y entender que hay brechas de género vigentes en todo el mundo. Mucho hemos escuchado hablar de las brechas de género, pero ¿qué son en realidad? Es un mecanismo de medición que nos permite saber cuál es la diferencia en el ejercicio de los derechos entre los hombres y las mujeres, tomando en consideración que los derechos no tendrían que atender a una condición de género, raza, situación económica o vulnerabilidad, sino que los derechos son reconocidos[6] por la Constitución en condición de igualdad. En esa lógica, este tipo de mediciones nos permiten saber si estos derechos son reconocidos en términos de igualdad o no, si hay una diferencia en su ejercicio entre un segmento y otro. Eso es lo que se conoce como una brecha. También resulta importante medir las brechas para adultos mayores, para las personas con alguna discapacidad. En este estudio, sin embargo, me centraré en la brecha de desigualdad entre hombres y mujeres.

Actualmente hay una medición anual de ciento cincuenta y cinco países que muestran la situación en este tema y tengo buenas noticias, dado que México ha avanzado enormemente en los últimos veinte años. En 2008, por ejemplo, nos encontrábamos en la posición número noventa y siete en materia de brecha de género de un total de ciento cincuenta y cinco países —es decir, de

---

6 *Nota del transcriptor:* A raíz de la reforma de 2011 a la Constitución Política de los Estados Unidos Mexicanos en su artículo 1, párrafo primero, no otorga derechos, sino que los reconoce.

la media para abajo—. Actualmente, en 2023, estamos en la posición número treinta y uno. Imaginen, avanzamos prácticamente sesenta lugares en veinte años, esto es una gran noticia para México, que se ha situado en la primera mitad de la clasificación. Se trata, por tanto, de avances muy importantes, casi abismales. Quisiera, además, decirles algo: son las generaciones más jóvenes las que están dando estos pasos tan agigantados porque el avance más rápido se dio en los últimos diez años.

¿Dónde encontramos estás brechas? Hay cuatro tipos, que de manera muy global se clasifican en estos términos: (1) *Brecha económica*, que involucra la diferencia salarial que pueden haber entre los hombres y mujeres, la diferencia de ingresos, la diferencia de propiedad y la diferencia de acceso a determinados puestos —es el caso de empresas—. Esta brecha es muy marcada en el mundo. No en vano, el rostro de la pobreza en el mundo es femenino. Lo mismo puede decirse de México, ya que dicha brecha es sumamente amplia en nuestro país. Al medir esta brecha y compararla con los ciento cincuenta y cinco países analizados, México se cae, ya que nos vamos hasta el puesto cincuenta y siete. ¿Qué quiere decir esto? Que todavía hay puestos que hacen diferencia a la hora de pagar si se trata de un hombre o de una mujer. ¿Dónde? Principalmente en el sector privado, y es menos marcado en servicio público, puesto que hay un catálogo de puestos que no diferencia el género. Por otro lado, hay brechas que han disminuido, por ejemplo, las brechas en el acceso a los puestos directivos de las empresas en nuestro país ha ido disminuyendo poco a poco.

Hay otra brecha que también es muy importante, la (2) *Brecha de salud*, que está relacionada con el acceso a los servicios de salud, la libertad de tomar decisiones en materia de salud reproductiva. A medida que México vaya avanzando en esta materia —por ejemplo, eliminando del castigo por el aborto y respetando, por tanto, la decisión de cuántos hijos quieren tener la mujer—, seguramente ascenderemos unas posiciones más en este *ranking*.

Otra de las brechas relevantes a las que debemos hacer referencia es la (3) *Brecha educativa*. No obstante, en este ámbito hay buenas noticias. En México esta brecha ha disminuido fuertemente, avance que tiene que ver con el acceso de las mujeres a los niveles de educación, principalmente superior. Ustedes hoy van a una universidad de nuestro país —principalmente, una pública— y se darán cuenta de que hace veinte años las aulas estaban dominadas por la presencia de los hombres. Actualmente, sin embargo, hay más mujeres que hombres en las aulas de educación superior. México avanzó fuertemente en este ámbito y este progreso tuvo que ver con políticas impulsadas hace veinte años en combate al alfabetismo. Ustedes recordarán que hace treinta años, cuando una familia tenía que decidir quién iba a estudiar, iban a estudiar los hombres porque se asumía el estereotipo de género según el cual los hombres debían mantener a una familia y por lo tanto, era necesario facilitarles las herramientas para ello. Este concepto o estereotipo de género ha ido reduciéndose y lo que vemos hoy es un incremento de las mujeres en los sistemas educativos. De hecho somos uno de los países donde hay más maestras que maestros.

Por último, un segmento más es la (4) *Brecha política* y la rama de acceso a los derechos —que es la que hoy nos reúne— y, en particular, del acceso a la justicia, que es el derecho en el que vamos más rezagados, sobre todo el que tiene que ver con la jurisdicción, no así con la política. La actual legislatura, de la cual formo parte, se llama *de la igualdad, de la paridad y de la inclusión*. Es la primera vez en la historia política en que se da la circunstancia de que somos más diputadas que diputados. En la pasada legislatura había más hombres que mujeres pero por una diferencia de un hombre. Hoy, de los quinientos diputados, somos doscientas veintisiete mujeres y doscientos veintitrés diputados varones. Este cambio fue el resultado de la aplicación de políticas de paridad establecidas en la ley que obligó a los partidos políticos a abrir los espacios para que tuvieran 50 % en los cargos de elección para mujeres y 50 % en los cargos de elección para hombres. La distribución de la presente legislatura es resultado de cargos donde se tuvo que hacer campaña para que quienes ganaran más los distritos fueran más las mujeres, de ahí que la consecuencia fuera una legislatura con mayor número de mujeres. ¿Qué nos hace falta? Quizá una presidenta mujer, una gobernadora mujer en este estado, pero es preciso reconocer que se va avanzando en este tema.

¿Qué es lo que hay detrás de estos estereotipos en México? Hay una herencia cultural muy añeja que no ha sido fácil romper, un patriarcado muy arraigado, estereotipos de género derivados de ese patriarcado que todavía asumen que la mujer debe ejercer el rol de cuidadora (las mujeres en su casa y cuidando a los hijos). Todavía persiste, en efecto, una dinámica familiar en la que se da por descontado que las mujeres somos las únicas responsables del cuidado de los hijos y/o del hogar. Se trata de un estereotipo que ha ido disminuyendo, que se ha ido rompiendo. Sin embargo, quisiera darles un dato: el 80 % de las mujeres que trabajan en México tienen la doble o la triple jornada en casa, esto es, el hecho de que la mujer ocupe un cargo de elección o de dirección, que participe en el servicio público, que sea maestra o que trabaje como comerciante no la exime de las labores del hogar. En México actualmente se habla de la doble o la triple jornada paras las mujeres. Tenemos un enorme desafío en esta materia para poder igualar los derechos, así como en materia de responsabilidad en las labores del hogar.

Quisiera comentarles que impulsé una iniciativa de ley para ampliar los periodos de paternidad y que por cierto, ya fue aprobada por la Cámara y está a punto de pasar al pleno para que los hombres también puedan gozar de su paternidad y puedan pasar de tener cinco días hábiles —que es lo que señala la Ley Federal del Trabajo— a tener treinta y cinco días hábiles. Quisiéramos que, como en los países nórdicos, los periodos fueran iguales para los hombres y las mujeres, pero al menos ya estamos avanzando. En México esta ley va a acabar con estereotipos de género, va a quebrar la idea de que las mujeres somos las únicas responsables del cuidado de los hijos, permitirá a los hombres convivir con sus hijos y mejorar las relaciones con sus hijos. Se trata de avances que tenemos que ir impulsando en la legislación para seguir construyendo un país más igualitario no solo en el espacio público, sino también en el privado.

Es importante señalar que, en el mundo, la brecha más arraigada es precisamente la que tiene que ver con política. Por ejemplo, ochenta y un países nunca han sido gobernados por una mujer, el 26 % de las mujeres en el mundo únicamente han ocupado alguna vez en su vida un cargo público, en México son tres de cada diez mujeres las que actualmente pueden acceder a la justicia para reclamar sus derechos. El acceso a la justicia es la brecha que presenta un mayor rezago, es decir, hemos avanzando en las brechas económicas, en las brechas de educación —principalmente—, en la brecha de salud —aunque todavía hay un tema importante pendiente—, en la brecha política parece que hemos avanzado, pero en la brecha de justicia traemos deudas importantes y aquí tenemos temas pendientes.

Hay un avance importante que es preciso destacar. Actualmente existe un sistema que va permitir la impartición de justicia con perspectiva de género. Me parece que el estado de México es pionero en la materia y que está haciendo un enorme esfuerzo para hacer que la justicia tenga los lentes de género. Quisiera ponerles algunos ejemplos de la brecha de género en el acceso a la justicia. Pensemos en una mujer indígena que vive en la Sierra Sur de Chiapas y que fue víctima de un fraude en sus tierras. Pensemos el acceso que puede tener a la justicia esta mujer, que, para empezar, muy probablemente habla muy poco español, y que es una mujer adulta mayor que vive en una zona lejana. ¿Dónde puede encontrar un centro de justicia en comparación con un hombre blanco que vive en la Ciudad de México, que cuenta con estudios superiores, tiene una posición económica media y que también sufrió un fraude patrimonial en sus propiedades? Veamos esto: se trata del mismo delito, exactamente el mismo delito, pero cometido en circunstancias completamente distintas. Es decir, el agredido dispone de medios diferentes para poder acceder a la justicia. ¿A qué se enfrenta una mujer en estas circunstancias? Primero, al simple hecho de que es mujer. Segundo, a que pertenece a una comunidad indígena. Tercero, a que seguramente el dialecto que habla no le ayudará para que se haga justicia. Cuarto, la distancia y bueno, si además es una mujer sola, que es altamente probable, porque en México la duración de vida de las mujeres en mayor. Si a esto sumamos que es muy probable que se encuentre en una situación de pobreza y, por ello, no tenga acceso a un abogado pagado y tiene que esperar a que el gobierno se lo asigne. Y si, además, a todo esto añadimos una cuestión muy importante, los estereotipos de género, ¿cuánto tiempo creen que tardará en acceder a la justicia la mujer en contraste con el hombre que puse de ejemplo? Evidentemente, la desigualdad es abismal, y es altamente probable que nueve de cada diez no pueda acceder la justicia.

Luego, la brecha va disminuyendo. De nuevo, pensemos en esta misma mujer indígena adulta mayor que vive en la Sierra Sur de Chiapas, etcétera, que tiene el mismo problema de fraude en comparación con una mujer blanca que goza de una posición económica acomodada y vive en la zona centro de Chiapas. Pues se va a enfrentar de nuevo al tema de estereotipo de género, dado que es probable que sea una mujer sola en una situación que posiblemente tampoco le va a permitir acceder a la justicia. Sin embargo, el tiempo que le tomará acceder a esta justicia va ir disminuyendo. Terminaré con este mismo caso, pero piensen ahora en una persona indígena que también vive en la Sierra Sur de Chiapas, pero que es hombre. Seguramente también va a tener problemas de lenguaje, de distancia, de economía para poder pagar, pero no se verá afectado por ningún estereotipo de género, no los va a tener y el hecho de ser hombre le permitirá el acceso a la justicia. Entonces, si ustedes reparan en ello, cabe concluir que en México la brecha de género todavía es muy arraigada, que no es suficiente impartir justicia con perspectiva de género, sino que es necesario impartir justicia en igualdad de circunstancias. Hoy por hoy, para las mujeres de este país, ya no es suficiente la lucha de género: lo que reclaman es la igualdad, es decir, los mismos derechos para hombres y mujeres, un cambio que generará beneficios para todos.

Para concluir, diré los tres países que encabezan la lista de los que han logrado cerrar la brecha de género no al cien por ciento, pero que han conseguido que esta brecha llegue a nivel de 98 %, casi igual en hombres y mujeres, son Islandia, Finlandia y Noruega. El gobierno actual ambiciona alcanzar los niveles de bienestar de estos países en diferentes materias, pero, de seguir como vamos, se estima que alcanzaremos esos niveles en doscientos años.

BRECHAS DE GÉNERO EN LA EDUCACIÓN

Claudia González Jiménez

Es importante tomar conciencia de que en México —en nuestra realidad— tenemos que resolver o al menos disminuir la brecha de género. ¿Qué es? Muchos estudiosos o especialistas han hecho aportaciones: hay una asociación de investigación española que se llama El orden mundial y que afirma que la brecha de género hace referencia a las desigualdades, las disparidades de oportunidades entre hombres y mujeres y a todas cuestiones de diversidad de género —comunidad LGBTIQ+—. La tarea no es sencilla, pues la brecha va creciendo. Otra de las aportaciones es del estudioso Pierre Bourdieu, que nos dice que la brecha de género tiene esa incidencia negativa —recrudecer las desigualdades en las sociedades—, pero que, sí se atiende la brecha de género, también se convierte en la plataforma idónea para ejercer los derechos en plenitud: cuando estamos atacando vulnerabilidades, cuando estamos hablando de transversalidad, esto nos permite garantizar derechos. Una tercera postura sobre la brecha de género nos dice que, una vez que se logran terrenos igualitarios propiciaremos el disfrute de los derechos entre hombres y mujeres, pero también el disfrute de recursos y oportunidades, es decir, sí tenemos las mismas circunstancias y los mismos contextos, pero con diferentes resultados, ya sea como hombre o como mujer o en su caso por diversidad de género, entonces faltan los escenarios de igualdad.

Considero que, para ejemplificar cualquier tema, la estadística es la herramienta idónea porque nos ilustra y ayuda a visibilizar las problemáticas. Creo que todos en casa, en un café o en las escuelas hemos abordado el tópico de estas brechas de género, aunque sea de manera somera, no profunda, pero hemos tocado la problemática. La mayoría —si no en todos los casos— sostenemos que, por el hecho de ser mujeres, tenemos más o menos oportunidades, pero lo mismo sucede con los hombres. Resulta que hay un índice global que mide la brecha de género, denominado *Global Gender Gap Index*. Cada año, el foro económico genera estos resultados y nos dice cómo vamos avanzando. En términos generales se ha progresado, sí, en la aceptación de que es necesario reducir nuestras brechas, pero todavía hay tareas pendientes en diversos ámbitos —el económico, la salud y supervivencia, la educación y la política—.

En cuestiones de política, por ejemplo, los resultados de 2021 del índice citado indican que solamente el 40 % de las mujeres ha podido aspirar a un mandato de gobierno a nivel nacional. México sigue teniendo pendiente esta tarea. También nos dice, por ejemplo, que México sí está por debajo de la media estadística de países con brechas de género. Es decir, nuestro país ha logrado avances significativos en las últimas dos décadas, pero sigue habiendo tareas pendientes en varios rubros. Me centraré en la educación ¿qué estamos haciendo y qué podemos hacer para eliminar estas brechas de género o irlas suavizando en este ámbito?

Hay otra empresa española, IPSOS, que se dedica a medir estas desigualdades. Entre enero y febrero de 2022 realizó una encuesta en veintinueve países —entre ellos, México— con preguntas tales como: ¿En tu país percibes desigualdades?, ¿hay una diferencia de oportunidades? Los resultados son curiosos y ahora sabrán por qué utilizo este adjetivo calificativo. En primer lugar, el que dice que no existen desigualdades ni disparidad entre hombres y mujeres en trato y oportunidades es Arabia Saudita: los hombres dicen que no hay desigualdades. En un tercer lugar tenemos a México, donde se afirma que no existen desigualdades. Por su parte, el país que sí acepta que hay desigualdades pero que en su realidad no se presentan estas brechas tan marcadas es Japón. ¿Por qué son curiosos los resultados? Cinco años atrás, en Arabia Saudita se aprobó una norma en virtud de la cual si eres mujer y quieres ir al cine, necesitas ir acompañada de un hombre —papá, esposo o hermano— y tiene que ser en horarios matutinos y vespertinos. Por la noche las mujeres tienen prohibido salir. Otro ejemplo, si necesitas o quieres manejar en Arabia Saudita y eres mujer, necesitas un acompañante, además de que en tu licencia debe de anotarse quién será la persona responsable si causas algún accidente. Es un retroceso que esto suceda en el siglo XXI. Así que tenemos un índice que mide estas desigualdades y estas siguen presentándose.

Vamos al tercer lugar, México. ¿No tenemos desigualdades?, ¿no existe diferencia de oportunidades entre hombres y mujeres? La respuesta es que sí, las vivimos a diario y lo peligroso es que hemos naturalizado esas diferencias. Entonces decimos que por cultura, por tradición, por estereotipos es normal que un hombre tenga más oportunidades laborales, que acceda cargos de director, toda vez que no se ocupa de las labor doméstica de la crianza y puede desarrollarse en plenitud; que es normal que las mujeres no lleguen a cursar estudios de posgrado y los hombres sí. Por eso me gusta mucho utilizar esta estadística en estos temas, porque nos muestra a las claras que no estamos visualizando la realidad y nos desenfocamos de las problemáticas.

¿Qué sucede a nivel mundial? Islandia ocupa el primer lugar de este *ranking*, mientras que Afganistán ocupa el último lugar. En este último país sí hay brechas de género bastantes marcadas. Sabemos que el país vive un ambiente de guerra donde se suspenden derechos humanos y que el retroceso es por sinergia: es injustificable, pero se trata de realidades que se presentan. México ha realizado algunos avances para eliminar las brechas de género. ¿Por qué? Porque se miden las políticas públicas, porque se miden las iniciativas de ley y lo que se está regulando. Esto ayuda mucho para que nos consideremos un país que está abierto a eliminar estas desigualdades.

¿Cuáles son los países con mayor igualdad de género? Islandia, Finlandia, Noruega, Suecia, entre otros países nórdicos. Curiosamente, hay un país africano que también está haciendo un gran esfuerzo para eliminar sus barreras. ¿Pero qué creen? Que en el *ranking* de esta perspectiva positiva hacia la eliminación de las brechas de género en Latinoamérica, México no es un ejemplo —caso contrario, Nicaragua—. En algo estamos fallando a la hora de avanzar en la eliminación de estas brechas.

Resulta que existe una tarea pendiente en más de cien países del mundo: legislar con igualdad o con perspectiva de igualdad de oportunidades entre hombres y mujeres. México ha dado grandes pasos en este punto. Sin embargo, sabemos que la labor o la tarea doméstica siguen siendo no remuneradas. Es una cuestión pendiente. Por otra parte, en México carecemos de un sistema nacional de cuidados, es decir, nuestros niños o adultos mayores o personas con discapacidad o con enfermedades crónicas están supeditados al cuidado de un familiar y, por regla general, es la mujer la que desempeña ese rol, lo que obstaculiza su acceso a la educación y el ingreso al sector laboral formal. Cabe insistir en la palabra formal, pues la mujer se ve en la necesidad de sacar adelante a la familia y lo hacen de manera informal. Pero hay buenas noticias —ojo, hombres—, hay que empezar a ejercer la licencia de paternidad, en México está considerada para cinco días (hombres) *versus* ochenta y cuatro días (mujeres). Este nuevo permiso se tiene considerado para propuesta de reforma y podría llegar hasta a los treinta y cinco días para que los hombres gocen de licencia de paternidad. Son esas nuevas tendencias y realidades —donde empieza a asumirse que la crianza no solo corresponde a la mujer— lo que va a contribuir en buena medida a cambiar estereotipos y que en el sistema educativo nos abone a cambiar estas realidades que tanto obstaculizan el crecimiento económico, que van de la mano y son de gran relevancia. Un ejemplo interesante es que en Bosnia y Herzegovina tienen trescientos sesenta y cinco días para disfrutar de la licencia de maternidad, pero al hombre le dan cinco días, hay disparidad. Creo que con esto México será un referente, pues en lo más alto ubicamos a Ecuador, con doce días o Venezuela e Inglaterra, con catorce días.

Con este escenario genérico voy a aterrizar en el punto concreto. ¿Qué sucede con las brechas de género en el ámbito educativo? Ustedes recordarán que había mayor número de hombres en los sistemas escolares, por ejemplo, en el de los países anglosajones, donde existía esta división y segregación —hasta racial—, y los negros y los blancos no podían compartir escuela, una realidad que ha cambiado notablemente. En México era clara la segregación de las personas indígenas, ya que nuestro país ha sido clasista a lo largo de su historia. Resulta que en el sistema educativo encontramos muchas tareas pendientes en las que necesitamos ir cambiando estereotipos e ir combatiendo estos casos reales. Por ejemplo, con estas nuevas formas de emparentar, hace seis o diez años se daban casos en los que no dejaban inscribir a menores de edad si los padres o las madres eran de una orientación sexual homosexual, dos mamás o dos papás— y a los hijos de estas parejas no se les permitían este acceso a la educación, de modo que se veían obligadas a vagar de escuela en escuela para que se les aceptara —casi siempre, se les admitía en centros privados—. Estos casos se presentan con menos frecuencia y ahora se denuncian. Se trata, pues, de un gran ejemplo de cómo vamos combatiendo estas desigualdades.

Me gusta cómo aborda estos temas de brecha de género Violeta Arancibia, una psicóloga educativa chilena. Afirma que en Latinoamérica y el Caribe se han producido grandes avances en cuanto a la educación: «Hay que reconocer que en Latinoamérica y el Caribe ya se tiene una amplitud en la matrícula, ya hay más gente como hombres y mujeres, pero ojo, la tarea pendiente ahora es dar educación con calidad y diversificar oportunidades entre hombres y mujeres» (V. Arancibia). De acuerdo con esta autora, si en América Latina y el Caribe seguimos replicando los mismos sistemas educativos en donde se enfatizan o normalizan las desigualdades de brecha de género, pasarán más de cien años para llegar a un mundo sin desigualdades, un horizonte bastante lejano.

Sabemos que en 1995 se tomó la decisión de apoyar y erradicar la violencia contra las mujeres, pero resulta que estamos hablando de 1995 y a la fecha sigue siendo un tema pendiente. ¿Qué estamos haciendo mal como sociedad? Es decir, nos estamos aplicando en el ámbito legislativo, en el educativo, pero como sociedad seguimos discriminando, seguimos enfatizando las diferencias, seguimos promoviendo las desigualdades o las seguimos normalizando. Sí, están estos acuerdos internacionales, pero como sociedad seguimos sin abrazar esas posturas.

En su último estudio estadístico (2019) sobre hombres y mujeres, el INEGI nos dice que en México hay una tendencia al alza en la incorporación de las mujeres a los sistemas educativos de nivel superior y que han rebasado a los hombres, ¿cuáles son las carreras que eligen las mujeres a nivel superior? En primer lugar, Derecho, en segundo lugar, Psicología, en tercer lugar, Enfermería. ¿Por qué existe esa tendencia? Porque estas disciplinas permiten combinar los estudios, la formación universitaria y las obligaciones domésticas. Son, por así denominarlas, carreras afines o nobles para poder continuar con estas jornadas que se dan de manera informal en casa. En cambio, los hombres están escogiendo Derecho en primer lugar, Administración en segundo y Medicina en tercero, lo cual se traduce en que seguimos presentando un escenario de desigualdades por las cuestiones extras, pero lo curioso es que coincidimos en Derecho. ¿Qué pasa con la disparidad de género y el Derecho? Tenemos un marco legal, de hecho dos normatividades muy claras, la federal y la estatal, la de 2006 y la 2010. El Estado debe de garantizar la igualdad de oportunidades para hombres y mujeres porque esto propicia el desarrollo del país y garantiza la democracia, es decir, el Estado de derecho. ¿Cuál es el reto que tenemos los abogados y, en específico, el Poder Judicial? Incidir para ir disminuyendo estas desigualdades, uno haciendo conciencia y dos, suministrar las herramientas para poder disminuir las brechas. Se identifican dos ámbitos que, como ya se dijo, son la impartición de justicia y la argumentación jurídica. La Escuela Judicial, se está enfocando en estos rubros, ya que se han dado varios cursos y capacitaciones a nuestros servidores públicos con lenguaje inclusivo, perspectiva de género, impartición de justicia bajo los protocolos de la Suprema Corte de Justicia de la Nación para grupos vulnerables. Es decir, sí estamos trabajando, sí estamos acercando estas herramientas a juzgadores y servidores públicos para la impartición de justicia con perspectiva de género.

¿Hay mucho que hacer? Sí, hay tareas pendientes, por lo que cierro en cinco conclusiones:

1. Hay que ser conscientes de que sí tenemos desigualdades y que hay brecha de género en nuestra realidad.

2. El tema educativo, sin duda, es la herramienta y el instrumento que garantiza la reducción progresiva de estas brechas.

3. Si queremos paridad entre mujeres y hombres, ambos debemos perseguir las mismas finalidades, garantizarnos una vida sin violencia y sin desigualdades.

4. La familia y la escuela son la fórmula perfecta —y esto lo han demostrado los sistemas nórdicos— para combatir estas desigualdades de género. Aquí haré una pequeña pausa. Quiero enfatizar que hay una autora de apellido Mora Sánchez que sostiene lo siguiente: «Hay que educar al niño para no castigar al hombre para no enterrar a las mujeres». Sabemos que eso es una realidad en México, aquí aplicaría que hay educar a nuestra niñez para no castigar y sancionar a nuestros hombres y mujeres y que no desaparezcamos porque también los hombres sufren violencia, también están siendo víctimas de la delincuencia y desaparecen.
5. Como escuela: todas las escuelas judiciales tenemos esta gran oportunidad de abrazar la Cátedra UNESCO. Hay una *ex profeso* que se llama Equidad y liderazgo, la cual está comprobada —donde se ha aplicado— para hacer conciencia de las brechas de género y buscar los puntos prácticos para cada uno de estos contextos o naciones, así como para ir reduciendo las desigualdades, bajarlas a cuestiones prácticas, de usos y costumbres sociales, y no solo analizarlas en la teoría o en los libros. Hay que optar por las Cátedras UNESCO.